オグリの里

笠松競馬場から愛を込めて

林　秀行
Hayashi Hideyuki

2

新風編

存続が決まった笠松競馬場に里帰りし、復興と健在ぶりを
アピールしたオグリキャップ　2005 年 4 月

オグリキャップ記念シリーズではウマ娘の等身大パネルが設置され、
安藤勝己さんのトークショーも人気を集めた　2023 年 4 月

オグリの里２　目次

ヤングジョッキーズシリーズ１年目、大井競馬場で渡辺竜也騎手や
藤田菜七子騎手らファイナリスト 14 人　2017 年 12 月

笠松競馬場で行われた「ウマ娘シンデレラグレイ賞」の
レースを観戦するファンたち　2023 年 4 月

本書は岐阜新聞Webで2016年から連載している「オグリの里」を一部加筆し、編集したものです。レース結果や競走馬の動向を追加（☆や※）。文末にWeb掲載日を記しました。名称、年齢などは連載時のままです。

はじめに

ここはオグリキャップがデビューした聖地・笠松競馬場。「オグリの里2新風編」へのゲートイン、ありがとうございます。第1巻・聖地編に続く第2巻・新風編では「ウマ娘ファン熱狂」「渡辺騎手YJSファイナル進出」「吹き荒れたライデン旋風」など各時代の「新しい風」を追って、笠松競馬の歴史と魅力に迫った。

1980年代後半、地方と中央の間にあった高くて厚い壁を打破し、風穴をあけたオグリキャップ。その後もライデンリーダー、レジェンドハンターら笠松競馬の名馬たちが中央への挑戦を続けた。主戦はアンカツさん（安藤勝己騎手）だった。

1995年には地方・中央交流元年を迎え、地方馬が地元所属のまま中央のレースに参戦できるようになった。ライデンリーダーは桜花賞トライアルを圧勝。桜花賞、オークスで1番人気となり、笠松所属のまま牝馬クラシック3冠レースを完走した。

荒川友司調教師が率いたワカオライデン産駒の「ライデン軍団」は全国の重賞戦線で快進

撃を続けた。ファンへの公募で「笠松に新しい風を」と馬名が決まったのは「シンプウライデン」で、東海ダービーを制覇した。

騎手同士の相互交流も進み、2017年には地方・中央の若手騎手が腕を競うヤングジョッキーズシリーズ（YJS）が幕開け。笠松から新人の渡辺竜也騎手が地方トップの成績でファイナルラウンドに進出した。

その後、オグリキャップを主人公に笠松競馬場を舞台にした人気漫画『ウマ娘 シンデレラグレイ』が大ヒット。笠松で芦毛馬限定のコラボレースも開催され、聖地巡礼の若者たちが多く来場。オグリキャップの孫娘レディアイコや人気馬オマタセシマシタの笠松転入もあって新しいファン層を開拓した。

オグリキャップがデビューした聖地・笠松競馬場は、風雪に耐えながらも地方競馬のサバイバルレースで生き残ってきた。人馬が間近で駆け抜ける迫力あるレース。「フレッシュで熱い風」を体感しながら、昔ながらの競馬場グルメも楽しんでいただきたい。

（筆者・ハヤヒデ　80年代から笠松競馬を愛し、
オグリキャップの走りに感動した競馬ファンの一人）

2023

シンデレラグレイ賞で聖地巡礼、ウマ娘ファン行列

「ウマ娘を応援、育成中のトレーナーの皆さん。オグリキャップデビューの地へようこそ」

ここは「名馬、名手の里　ドリームスタジアム」の愛称がある笠松競馬場。ウマ娘コラボイベントがパワーアップして1年ぶりに開催され、殺到した聖地巡礼の若者たちが熱狂した。

看板レース・オグリキャップ記念の翌日（4月28日）。芦毛馬だらけの「ウマ娘シンデレラグレイ賞」に続いて、オグリキャップ役声優の高柳知葉さんがトークショーで「聖地降臨」を果たした。早朝から大勢の若者らが開門待ち。グッズ購入や場内グルメを満喫し、オリジナルクリアうちわやウマ娘ポストカードもゲットした。10～20代の若いエネルギーがあふれ、ライブ会場となった笠松競馬場。迫力満点の人馬の熱戦とともに、ファン一人一人が追い求めた、それぞれの「ドリーム」も熱く駆け抜けた。

オグリキャップが主人公で、笠松競馬場を舞台にした漫画『ウマ娘 シンデレラグレイ』は２０２０年６月に連載がスタートし、大ヒット。コラボイベントは、集英社とＣｙｇａｍｅｓ（サイゲームス）の協力で、「ウマ娘プリティーダービー連携事業」として実施された。

開門前からウマ娘パワーですごい行列

笠松競馬場内が熱く燃え上がるのは、やはりオグリキャップ絡み。一番乗りのファンはどこから来た人なのか。徹夜組はいたのか。待機列に突撃して聞

シンデレラグレイ賞やコラボイベント開催で、早朝から並ぶウマ娘ファン

第２駐車場北側の待機エリアで開門を待つファンたち

いてみた。

午前6時15分、まだ熟睡中だったが、携帯音とともに「もういっぱい並んでいるよ」との情報が入った。「出遅れたかな」と飛び起きて7時20分には現地に到着。「ウマ娘パワー」で行列はすごいことになっていた。

笠松競馬場内では9時まで調教タイム。開門は10時だが、前回は2時間以上早まった。今回は第2駐車場北側に、7時半から並ぶことができる待機エリアが設けられたが、既に満杯だった。

聖地巡礼ファンは行列に並ぶこともイベントの一環のようだ。前回は1列に並んで、最後尾は第2駐車場を突き抜けて木曽川堤防道路へと延びた。車の往来もあって危険なことから、今回はスタッフの指示に従い、横5人ずつの待機列が組まれ、混乱なく開門を待った。

大勢の人が並ぶ待機エリアで「一番乗り」のファンを見つけた。前回は午前1時に来場した東京の19

歳男性だったが、今回は様子が違った。待機列の先頭は三重県四日市の40歳男性で、たまたま居た場所が「一番前」になったそうだ。「始発電車で来て、笠松に着いたのは7時すぎ。メチャ並んでいてすごいことになっていた。オグリキャップ記念にも来たし、栗毛馬や芦毛馬のコラボレースが楽しみ。若い人が多いけど、幅広い年代の人が来てますね」と長い行列に驚いた様子。実質の一番乗りは車で到着した遠来の徹夜組か、車中泊で夜明けを待ったとみられる。

2番目に並んでいたのは愛知県からの23歳男性。

「馬券を買いながらイベントなどを楽しみたい。好きなウマ娘はメジロドーベルです」。岐阜県北方町の25歳男性は「シンボリルドルフが好き。グルメを味わいたいし、友達にあげるポストカードも欲しい」と開門待ち。「ゴールドシップやサクラバクシンオーが好き。ウマ娘に興味を持って、競馬をいろいろと見るようになった」という声も聞かれた。

待機列1500人超、飲食店前でも長い行列

ゴールデンウイーク直前の平日だったが、午前9時には待機列が1500人を超え、開門は9時半に早まった。待ちわびていたファンたちは続々と正門をくぐると、お目当てのオリジナルクリアうちわをゲット。来場者特典としてプレゼントされ、4000枚(前年1500枚)が用意された。ファン休憩所内にはウマ娘関連グッズのポップアップストアがオープン。場内売店やキッチンカーでも500円以上の購入にウマ娘ポストカードがプレゼントされた。各飲食店前には50人ほどの行列ができ、スタンプラリーのようにカード11枚の「コンプリート」を目指し、場内を周回する熱心なウマ娘ファンの姿もあった。

「ファンの勝負飯・どて飯」や「タマモクロスのきしめん」でも評判の丸金食堂では「蹄鉄クッキー&笠松隕石最中」のお土産セットも限定販売。おでん、大

判焼きなども飛ぶように売れ、11時ごろにはポストカード配布が終了となった。

にぎわう場内の飲食店前。ご当地グルメを買い求め、その味を堪能した

オグリキャップは大食いキャラで有名だが、前回は1R開始前に各店の食材がなくなる想定外の事態も起きたため準備万端。一時的に品切れになる人気商品もあったが、来場者は整然と並び、お店の人が「最後尾はどこですか?」などと声掛けしながら手際良く販売。食材も豊富に用意され、混乱なくスムーズな流れだった。

オグリとライバルたちの等身大パネル

オグリキャップ像前にイナリワンとスーパークリーク、特設ステージにはオグリキャップとタマモクロスのウマ娘等身大パネルを設置。今回は4頭に増え、「芦毛対決」「平成3強」と呼ばれたオグリのライバルたちが勢ぞろい。カメラやスマホを手にしたファンたちが、来場記念の写真撮影を楽しんでいた。

トークショーを開いた声優の2人、高柳知葉さんと井上遥乃さんもオグリキャップ像前で写真撮影(自身のツイッター上でアップ)。ファンも待ち望んだ聖地デビューを実現でき、にこやかだった。

横浜市の24歳男性は「シンデレラグレイからオグリキャップのファンになった。おいしい物を食べながらレースを見て楽しむことに、すごくはまって笠松にも来た」。飲食店前ではテーブル席も設けられ「大阪から車で午前1時頃に着いた」という男性は、京都や名古屋から来たウマ娘ファンと合流し、笠松グルメをおいしそうに味わっていた。

1月に笠松競馬場で開かれたコスプレレースのイベントに参加し、仲良くなったというグループは真っ昼間から宴会モード。イナリワン姿のコスプレ男性ら愛知の男女7人グループで、ビールと串カツなどを賞味しながら、「推し馬」について語り合い大盛り上がり。

オグリキャップ像前ではウマ娘の等身大パネルが設置され、撮影スポットとして人気を集めた

ウマ娘のコスプレ仲間。ビールや串カツを手に、宴会モードで笠松競馬場での一日を満喫した

『オグリの里1・聖地編』を購入していただいたオグリキャップ姿の男性は「またコスプレレースが開かれたら1着になりたい」と笠松競馬場が気に入った様子。ウマ娘のキャラクターではないが、漫画で登場したマーチトウショウ（ウマ娘シンデレラグレ

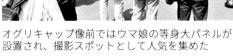

イ作中・フジマサマーチ）にふんした男性は「作品の姿からイメージし、日本では僕だけかも」とご満悦。オグリキャップ像前やスタンド前でもコスプレ撮影のポーズを決めていた。

「ウマ娘ベルノライト賞」は栗毛馬限定。美しい馬体でスタンド前を駆け抜けた

ベルノライト賞、栗毛馬9頭ピカピカ

前回のレースは雨で不良馬場だったが、今回は好天に恵まれて良馬場。10R「第1回ウマ娘ベルノライト賞」（C級選抜、1400メートル）は栗毛馬限定で9頭が登場。ベルノライトは、漫画ではオグリキャップ笠松時代の親友で、中央でサポート役も果たした。オグリと同期の牝馬・ツインビーとみられている。同じレースでは走っていないが、笠松で10勝を飾った。

栗毛馬は笠松にも多くいる。ベルノライト賞では藤原幹生騎手騎乗の4番人気グレイトボルケーノが鮮やかな差し切り勝ち。逃げたランディス（岡部誠騎手）が2着、後方から追い上げたパステルモグモグ（深沢杏花騎手）が3着。ピカピカに輝く栗毛の美しい馬体が躍動し疾走。スタンド前も埋めたウマ娘ファンたちを魅了した。

至近距離のラチ沿いでファン熱視線

最終12Rは芦毛馬による「第2回ウマ娘シンデレラグレイ賞」（C級選抜、1400メートル）。日本の競馬場で唯一、世界的にも珍しい内馬場パドックで出走11頭が周回を始めると、スタンドやラチ沿いでは大勢のファンが注目。

ラチ沿いでスマホ撮影を楽しむファンの目の前を通り、返し馬に向かう芦毛馬たち

　マイクロバスで登場したジョッキーたちはパドック前で整列。ファンに向かって一礼して騎乗馬に向かうと、早くも温かい拍手が湧き起こった。「パドックで騎手の騎乗時、ファンから拍手が起こる前代未聞の事態が起きた」というツイッター上の声もあった。内馬場パドックならではの熱い応援で、ジョッキーの背中を押して元気づけた。

　パドックはコース越しで遠いが、返し馬に向かう芦毛馬たちは、ラチ沿いをゆっくりと第4コーナー方面へ。馬とファンとは1メートルほどの至近距離。カメラやスマホを構えてシャッターチャンスとなり、熱い視線を注いでいた。

エイシンウパシ制覇、長く大きな拍手

　ファンファーレが高らかに鳴り響くと、再び拍手が送られゲートオープン。長江慶悟騎手の積極策でナエギジョーが逃げ、大原浩司騎手が騎乗したエイシンウパシ（笹野博司厩舎）が2番手から追う展開。3コーナーでは先頭を奪い、4コーナーを回って最後の直線でも楽な手応え。コロナ対策が緩和され、観客席からは「大原、行けー」「差せー」などと大

１着でゴールするエイシンウパシと大原浩司騎手。ファンから大きな拍手が送られ、長く鳴り響いた

声が飛び交った。

エイシンウパシは1番人気に応えてそのまま押し切り、ゴールイン。全11頭の無事完走をたたえるかのように大きな拍手が長く響き渡り、15秒ほど続いた。1年前もそうだったが、ギャンブル色の強い通常のレースとはちょっと違った感覚。ウマ娘シンデレラグレイ賞ならではで、独特の雰囲気と魅力が詰まったレースになった。

来場したウマ娘ファンは、競馬場でレースを見るのが初めての人もいて、応援の記念馬券を１００円ずつ買う程度。発走は16時50分で、まだ馬券を買えない10代のファンも学校帰りに来場した。芦毛馬だけの躍動感は壮観で、ファンの気分はウマ娘トレーナー。「アスリートである人馬の頑張りで、いいレースを見せてもらった」と純粋に感激。木曽川河畔にあるのどかな競馬場は、コンサートのライブ会場のような一体感がみなぎった。

ゴールドシップ産駒、2年連続の2着

勝ったエイシンウパシは4歳牝馬。父・エイシンヒカリで母・エイシンルンナ。中央から園田、金沢、名古屋を経て笠松転入。スピードを武器にコースとの相性抜群で3勝目を飾った。3馬身差でスノーディザイア（保園翔也騎手）が2着。松本親子（剛志、一心騎手）の騎乗馬が3、4着で続いた。

レースでゴールインすることは人馬にとって「最低限の仕事」だろうが、競走馬たちの存在は厩舎関係者の生活を支える「生命線」でもある。もちろん勝利を求められるが、地方競馬では「丈夫で長持ち」も大切で、けがなどなく元気に装鞍所へ戻ってくることが最大の使命。担当厩務員たちは常に「無事」を願っている。

厳しい競走馬の世界。第1回シンデレラグレイ賞の女王・ヤマニンカホンは、レース中のけがで既に引退。前回出走した芦毛馬のうち参戦できたのは、カリーナチャム（水野善太厩舎）ただ一頭（8着）。B級に昇格したり、他地区へ移籍した馬も多い。ウマ娘キャラ的には、前年2着だったのがゴールドシップ産駒のメイショウイナセ。今回の2着馬スノーディザイアもゴールドシップ産駒で、後方からよく追い上げた。

シンデレラグレイ賞初代クイーンの深沢杏花騎手はパットサイテで連覇を狙ったが、力不足でしんがり負けに終わった。11R、クインズミントで勝利を飾った深沢騎手は通算90勝目で、名古屋でも初勝利を挙げている。ウマ娘レースVをステップに、一人前のジョッキーへと大きく羽ばたきつつあり、騎手編の「笠松発シンデレラストーリー」として、全国の重賞やジョッキー戦などでも注目していきたい。

（2023・5・4）

2017

2023

「デムーロ、消えた」ファン悲鳴

２０１７年度、笠松競馬場では待望の大型ビジョンが稼働。迫力あるレース映像を、来場したファンが楽しんでいる。馬券販売も好調で、施設改修や新人騎手デビューなど明るいニュースが多くなった。

「臥龍《がりゅう》桜特別」（ＪＲＡ交流戦）では、世界の名手ミルコ・デムーロ騎手が参戦。中央馬スーセントマリーに騎乗し、単勝１・４倍と圧倒的な人気を集めた。

ミルコ・デムーロ騎手は中央競馬のリーディングトップを快走。笠松での騎乗は、02年のオグリキャップ記念（アグネスパートナーで３着）以来、15年ぶりとなった。01年には笠松で２戦目で初勝利を飾っている。

栗東から笠松まではそれほど遠くはないが、桜花賞を控えたデムーロ騎手が笠松に参戦してくれると

笠松競馬場でファンの声援に笑顔で応えるミルコ・デムーロ騎手

は……。来場者が１０００人を超えることは珍しくなった笠松だが、この日は有料駐車場も満車状態で、１４００人以上のファンが詰め掛けた。大型ビジョンが新設されたメインスタンド前には人垣ができ、熱気に包まれた。「内馬場パドック」から、スーセントマリーに騎乗したデムーロ騎手が本馬場に入場。女性ファンから「デムーロさん、頑張って」と声援が飛ぶと、笑顔で応えていた。

臥龍桜特別は１４００メートル戦で、デムーロ騎手のスーセントマリーは３番手の好位につけたが、勝負どころの３コーナーへの下り坂でペースを上げられなかった。４コーナー手前では「デムーロ、消えた」とファンから悲鳴が上がり、最後の直線で大外に持ち出したが手遅れ。地元騎手の包囲網もあったのか、コーナーがきつい笠松コース攻略は、トップジョッキーにも厳しかったようで、７着に沈んだ。

このレースでは、笠松のリーディング経験者である佐藤友則騎手、吉井友彦騎手との対決も注目されたが、吉井騎手が騎乗したランドハイパワーが制覇した。デムーロ騎手には笠松へまた来場し、次はぜひ１着でゴールしてファンの期待に応えてほしい。

「V字」の渡辺竜也騎手デビュー

４月３日にデビューしたばかりの新人・渡辺竜也騎手（笹野博司厩舎）が初勝利を目指している。この日の10Rでは、１番人気サムライズムに騎乗したが４着に終わった。今開催は２着が最高だった。渡辺騎手は千葉県船橋市出身の17歳。船橋競馬場が近かったが、騎乗チャンスが多い笠松でのデビューを決めた。勝負服は、海外競馬でよく見たという「V字」で斬新なデザイン。騎乗技術を少しずつ磨いて、まずは「V１」を目指し、兄弟子の藤原幹生騎手ら先輩ジョッキーの背中を追い掛けていきたい。

目標は、地方・中央の若手騎手による２０１７ヤングジョッキーズシリーズで「良い結果を残すこと」。笠松でも5月10日に開催され、渡辺騎手も参戦の予定。リーディングトレーナー笹野調教師の指導で、馬との折り合いを大切にして、将来はリーディングを争えるような騎手を目指す。「笠松競馬を盛り上げていけるよう頑張りたい」と闘志を燃やしている。

調教師免許を取得したばかりの後藤佑耶調教師は、笠松デビューを目指して開業準備中。南関東で武者修行をするなどして、「馬を預かれるよう、まずは足場を固めて。いつか重賞を勝てる馬を育てたい」と意欲。デビューは6月ごろ。

デビューした渡辺竜也騎手は、V字の勝負服で勝利を目指す

待望の大型ビジョンでレース映像

ファン待望の大型ビジョンは、レースのライブ映像やリプレー、着順、払戻金などを映し出す。画面は高さ約8メートル、幅約17メートルで、全面発光ダイオード（LED）。県地方競馬組合では「競馬場に足を運んでもらうきっかけになれば」と期待。土曜・日曜にはJRAの馬券が購入できる「J－PLACE」も開設され、大型ビジョンでレース映像が楽しめる。笠松競馬をイメージして、大型ビジョンの愛称を募集した。

JRAの桜花賞（阪神）では、デビュー4連勝中のソウルスターリング（ルメール騎手）が力強い走りで3歳女王に照準。笠松に参戦してくれたデムー

大型ビジョンが稼働。ミルコ・デムーロ騎手の来場でスタンド前に詰め掛けた大勢のファン

ロ騎手が騎乗するアドマイヤミヤビも3連勝中で有力。2走前の百日草特別では、牡馬のカデナ（京都2歳S、弥生賞を連勝中）を破っており、男勝りの逸材。初対決となるソウルスターリングを負かせるか、馬連1点で当てたいが……。デムーロ騎手は、前年のジュエラーに続いて連覇を目指す。

桜花賞は笠松育ちのオグリローマンが勝ったことがあるレースで、ライデンリーダーも挑戦して4着だった。

（2017・4・7）

☆桜花賞・レース結果　①レーヌミノル②リスグラシュー③ソウルスターリング

オグリキャップの孫、デビュー3連勝

オグリの夢、再び。オグリキャップの血脈を受け継ぐ孫のオーロシスネが、4歳になって大井競馬場でデビューし、破竹の3連勝を飾った。初戦は遅咲きになったが、他馬をぶっちぎる豪脚で成長が期待されている。

「オグリキャップの孫なら、応援したくなるね」と、ファンの思い入れは強い。父キャプテントゥーレ、母キョウワスピカでともに芦毛だが、オーロシスネは栗毛の牡だ。荒井朋弘厩舎でじっくりと調教され、達城龍次騎手が騎乗。初戦は7番人気と低評価だったが、好位から差し切った。2、3戦目は最内枠からで、やや出遅れ気味にスタートし、中団からゴール前200メートル付近で先頭に並びかけると、一気に抜き去った。

C級レベルではあるが2着馬にそれぞれ4馬身、4馬身、2馬身半差と3戦とも完勝。内からでも外からでも突き抜ける自在性があり、オグリキャップの走りを思い起こさせる切れ味鋭い末脚が魅力。初戦は単勝20倍と伏兵扱いだったが、2戦目は3・6倍の1番人気、3戦目には1・1倍と人気も急上昇。大井の新星候補として、注目を集める存在となった。

オグリキャップは血統面などから「突然変異」とも言われたが、オーロシスネにもそういったサプライズ的な可能性がある。父キャプテントゥーレは、2008年の皐月賞馬。朝日チャレンジカップを連覇し、デイリー杯2歳Sも制覇しており、重賞は計4勝。芝1600~2000メートルで力を発揮し

た。母キョウワスピカは佐賀、荒尾に所属した地方馬で、佐賀時代に7勝を挙げている。

桜花賞デー、ストリートキャップも応援

オグリキャップの孫では、最後の産駒ミンナノアイドルの長男ストリートキャップ（牡5歳）が、中央の1000万下（現2勝クラス）で奮戦している。桜花賞デーには阪神競馬場に遠征し、福永祐一騎手の初騎乗で注目されたが、末脚は不発に終わった。パドックで見た芦毛のストリートキャップは、顔が白っぽくなって、現役時代のキャップに似てきた感じだった。父は2月に亡くなったゴールドアリュールで、同じミンナノアイドル産駒の次男が順調なら5月にも誕生する。

ゴールドアリュールといえば、ラブミーチャンの長男ラブミーボーイの父でもあった。2歳になったラブミーボーイ。母のように笠松デビューとはならなかったが、JRAに登録され、村山明厩舎（栗東）に所属。調教で鍛えられ、順調なら夏から秋にかけての新馬戦デビューを目指しており、こちらも応援したい1頭だ。いずれ笠松で走ることもあるだろう。4月1日（中山競馬場）には、ラブミーチャンと同じ血統で、妹の4歳馬ハヤブサレディゴー（父サウ

オグリキャップのぬいぐるみ（大中小）でいっぱいだった笠松競馬場内の「愛馬会」売店

スヴィグラス、母ダッシングハニー）が500万（現1勝クラス）を快勝し、2勝目を飾っている。

桜花賞は、ストリートキャップの応援もあって、阪神競馬場で観戦した。単勝1・4倍のソウルスターリングがまさかの3着で、2番人気アドマイヤミヤビも12着に敗れた。「第77回」桜花賞ということで、馬券は両馬の枠番⑦⑦も買ったが、これが大外れ。終わってみればレーヌミノル優勝、リスグラシューが2着。ジュベナイルF（GⅠ）の上位3頭が、桜花賞でも1〜3着を独占。3歳馬でもやはりGⅠ実績の重要性を再認識した。

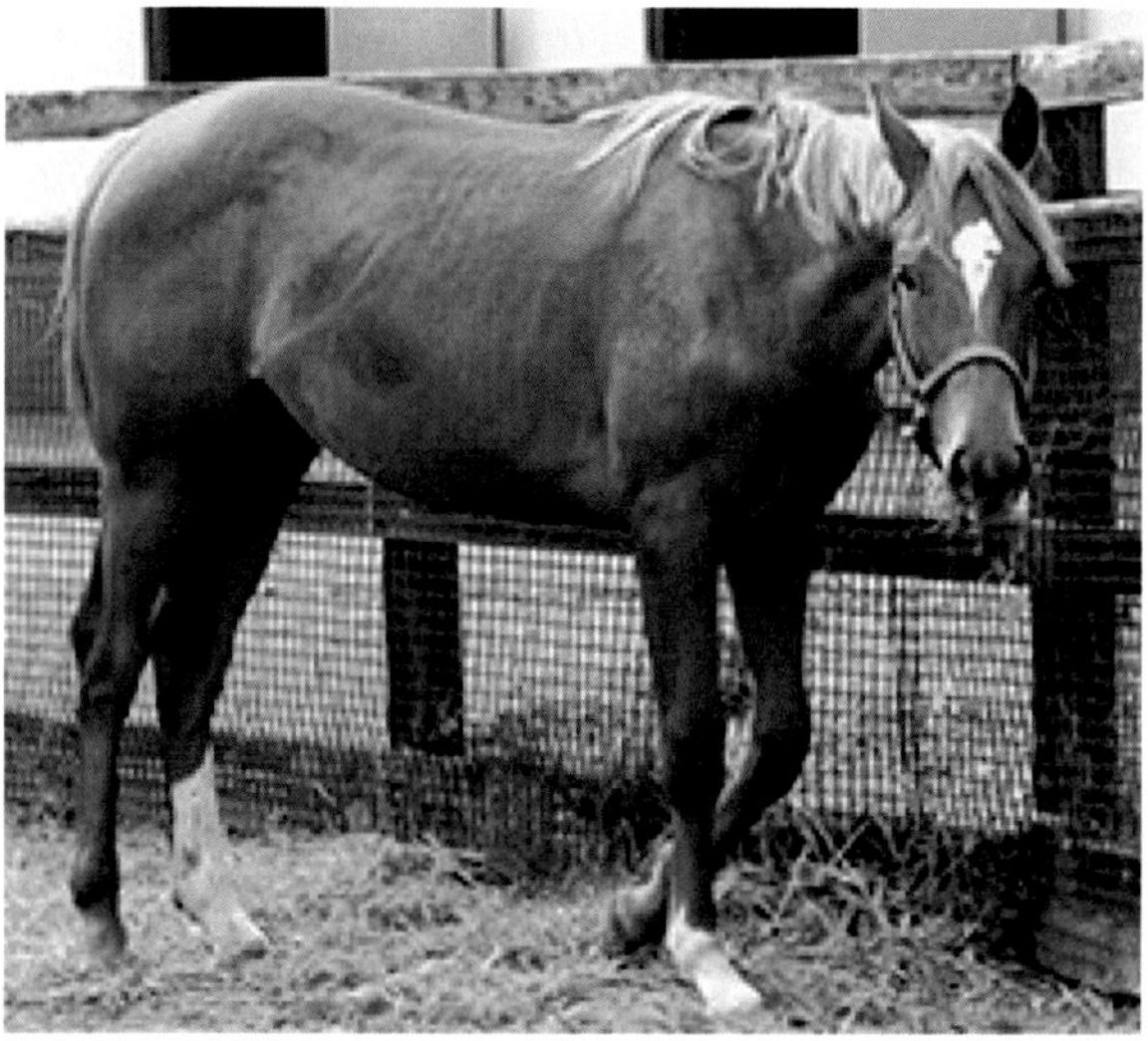
ＪＲＡ２歳戦デビューを目指すラブミーボーイ（１歳当時）

阪神競馬場で出走したストリートキャップには、福永祐一騎手が初めて騎乗した

レーヌミノル制覇「池添、ありがとう」

ゴール前では、粘り込むレーヌミノルに騎乗した池添謙一騎手の名前を連呼し、単勝や3連単をゲットしたという熱烈ファンが歓喜の「池添、ありがとう」。競馬場の桜も満開となった華麗な一戦。「強い女」のイメージからか、レスリングの吉田沙保里さんがプレゼンターを務め、「桜の女王」レーヌミノルと池添騎手の栄誉を祝福した。

桜花賞を制覇したレーヌミノルと池添謙一騎手

皐月賞（中山）は混戦ムード。ディープインパクト産駒の牝馬ファンディーナ（岩田康誠騎手）が果敢に挑戦。1948年のヒデヒカリ以来、牝馬69年ぶりの快挙を狙う。牝馬のレベルが高く、牡馬を蹴散らす可能性もある。川崎競馬出身のトラストは掲示板を外したことがなく、展開次第では面白い存在。地方競馬出身馬として頑張ってほしい。

ここ5年では、前走・共同通信杯組の4頭が、全て皐月賞を勝っている。前年は注目馬ディーマジェスティが制覇しており、共同通信杯優勝馬のスワーヴリチャードが有力。朝日杯FS（GⅠ）覇者のサトノアレスに、トライアルを勝ったアダムバローズ、ウインブライト、カデナも上位候補。皐月賞は、やはり最も速い馬が勝つ。（2017・4・14）

☆皐月賞・レース結果　①アルアイン②ペルシアンナイト③ダンビュライト

オグリキャップ精神で復興

笠松競馬場でオグリキャップ記念（地方全国交流レース）が開催される。笠松競馬は「名馬、名手の里」として、苦難の時代を乗り越えて復興を遂げてきた。全国のファンから「オグリキャップが育った競馬場をつぶすな」と後押しがあったからこそ、存続することができた。キャップがいなかったら、笠松競馬は間違いなく廃止になっていたことだろう。正門近くのブロンズ像は笠松競馬場の守り神として、来場するファンを温かく迎えてくれる。

「オグリキャップ記念」への来場を呼び掛けるポスター

　笠松競馬が低迷を脱して活況を取り戻しているとの「オグリの里」の記事に関して、日本新聞協会から4月の「新聞協会報」への寄稿依頼がありました。掲載された記事を紹介します。

V字回復果たす笠松競馬

（2017年4月4日付「新聞協会報」）

伝説の名馬オグリキャップが育った笠松競

馬（岐阜県羽島郡）。バブル経済崩壊後は、経営難による廃止の危機が何度もあったが、騎手や調教師らは耐え抜いた。その道のりは長く険しかったが、２０１２年10月に導入された日本中央競馬会（ＪＲＡ）の地方競馬インターネット投票が威力を発揮し、画期的なＶ字回復を果たしている。全国の各地方競馬でも、馬券の売り上げを飛躍的に伸ばし、活況を取り戻している。

有馬記念で２度優勝したオグリキャップは、どんなピンチにも頭を低くして、最後まで諦めない走りを見せてくれた。その闘争心を育てた笠松競馬の関係者の心には「オグリキャップ精神」があり、現場の底力となって受け継がれ、復興につなげてきた。「赤字になったら即廃止」の厳しい条件にも、騎手や調教師には「中央に負けない強い馬をつくるんだ」という意地とプライドがあった。

まだ累積赤字もないのに、２００４年には「経営は既に構造的に破綻しており、競馬事業を速やかに廃止すべき」とする経営問題検討委員会（県の第三者機関）の厳しい報告があり、関係者やファンに激震が走った。経営改善策も示せない「お役所競馬」の横暴な廃止論に対して、地元マスコミは現場やファンの憤りの声を伝え、存続につなげることができた。レース賞金や出走手当は05年度に40％以上、10年度にはさらに15％と大幅にカットされ、痛みを強いられたが、１年ごとに「存続」を勝ち取ってきた。

馬券ネット販売が威力

岐阜県地方競馬組合（県と２町で構成）が主催する笠松競馬の13～15年度の実質単年度収支は４０００万円増、１億２０００万円増、４億７０００万円増と急激な右肩上がり。５

年前まで1日1億円余りに落ち込んでいた馬券発売額は2億円前後に回復し、3億円に上る日もある。16年度分も20％以上の伸びを示しており、4年連続の黒字を確保した。JRAをはじめ、オッズパーク、楽天競馬、SPAT4（南関東など）を含めたネット発売の恩恵は大きく、ナイター競馬を導入した園田競馬（兵庫県尼崎市）や高知競馬（高知市）では、1日4億円を突破することもあり、爆発的に売り上げが伸びた。

笠松競馬場でも大型ビジョンが稼働し、迫力ある映像でレースが楽しめる

「今の状況は天国のよう。これからはレース賞金を上乗せして、スターホースを誕生させてほしい」と前を向くのは、笠松競馬の存続を先頭に立って支えてきた調教師の妻たち。現場にようやく笑顔が戻り、賞金・手当の引き上げ、老朽化した施設の改修、大型ビジョンの新設などで競馬場周辺は活気に満ちてきた。

地方競馬の馬券販売は、JRAとの連携を契機に「競馬場で1割、場外で2割、ネットで7割」とまで言われる時代になった。馬券売り上げの低迷にあえいでいた笠松の現場にとっては、JRAネット投票は最後の頼みともいえる「命綱」だった。約350万人のJRAネット会員の一部が地方競馬に興味を示し、売り上げが大幅に増加。JRAの馬券が購入できる「J－PLACE」が笠松にもオープンし、発売手数料による収益増につながった。

中央との連携で花開く

馬券の売り上げが伸びて、活気を取り戻した笠松競馬。年末のレースではスタンド前もファンが埋まり、競走馬に熱い声援を送った

地方競馬ファンの動向はどうか。平日開催の笠松の入場者は800人ほどで高齢者が多い。競馬場はウオーキングを兼ねた健康施設的な側面もある。地方競馬はレースごとの出走馬が少なく、馬券も中央よりも当てやすい。少ない予算で長い時間楽しめることも、年金暮らしの高齢者たちの人気を集める要因になっている。

ＪＲＡは「この国に馬券の買えない場所はない（ネットがつながれば）」と、テレビＣＭでもアピール。在宅投票にアウトドア派も取り込み、全国のファンにネットで売る時代になった。スマートフォン普及による利便性の向上、ホームページやスポーツ紙などで出走表の充実も進み、地方競馬の馬券が買いやすくなった。

　地方競馬の活況はしばらくは続きそうだが、経営状況は世の中の好不況の波に左右される。アベノミクスやトランプ米政権、成立したカジノ法の先行きは不透明で、景気動向やギャンブルを取り巻く環境が一変して、いつ逆風が吹き始めるかもしれない。バブル経済崩壊後の「存廃サバイバルレース」で廃止になった多くの地方競馬の分まで、黒字体質をしっかりと根付かせてほしい。

笠松競馬場の正門近くで、ファンの来場を待つオグリキャップ像

今年に入ってＮＨＫの「プロフェッショナル」や「アナザーストーリーズ」でオグリキャップが特集され、改めて「笠松競馬の灯が消えなくて良かった」との思いを強くした。オグリキャップにアンカツさん（安藤勝己騎手）。笠松の人馬はいつも地方競馬の先頭を走って、立ちはだかる高くて厚い壁に挑み、中央への扉を切り開いてきた。

馬券販売でも中央との連携を深めて、一気に視界が開けてきた地方競馬の未来は明るい。かつてのハイセイコーやオグリキャップのように、ファンは地方から中央への新たなサクセスストーリーを待ち望んでいる。

（２０１７・４・21）

オグリキャップ記念、カツゲキキトキト制覇

単勝1・1倍の本命馬は、やはり強かった。「第26回オグリキャップ記念」（SPI、地方全国交流競走）が笠松競馬場で行われ、大畑雅章騎手が騎乗した名古屋のカツゲキキトキト（牡4歳、錦見勇夫厩舎）が鮮やかな逃げ切りで優勝を飾った。地方重賞は10勝目。

2着はアサクサポイント（丸野勝虎騎手）で名古屋勢のワンツー。高知勢3頭が3～5着を占め、笠松勢はナスノアオバ（森島貴之騎手）が8着、タッチデュール（山下雅之騎手）は10着に終わった。

コースを2周する2500メートルの長距離戦に、全国のスタミナ自慢10頭が参戦。カツゲキキトキトは押し出される形で先行すると、高知のイッツガナハプン（赤岡修次騎手）を半馬身差で従えて、ゆったりとマイペースの逃げ。2周目の3コーナーからアサクサポイントが手応え良く迫ってきたが、カツゲキキトキトは地力の違いを見せて、1馬身半差をつけて追撃を完封。ゴール前では、愛馬の関係者や馬券を握り締めたファンの歓声に包まれた。

カツゲキキトキトは父スパイキュール、母レイビスティー（母の父キングカメハメハ）という血統。中央との交流重賞では名古屋グランプリ（JpnⅡ）で3着、名古屋大賞典（JpnⅢ）でも3着と、地方馬最先着を果たしてきた。前走の東海桜花賞（1400メートル）では、兵庫のトウケイタイガーに敗れ、まさかの2着。オグリキャップ記念では、中1週続きの強行軍だったが、得意の長距離戦でしっかりと結果を残した。

オグリキャップ記念を華麗に逃げ切ったカツゲキキトキトと大畑雅章騎手

オグリキャップ記念を勝ち、
笑顔の大畑雅章騎手

デビューは笠松、「まさかの大活躍」

優勝インタビューで大畑騎手は「２５００メートルなら負けることはないと思った。先に行く馬がいなかったので、先手を取れればと……。（３～４コーナーでアサクサポイントが迫ってきても）最後は相手が来てからの反応が良かった」と余裕十分。ＪＲＡ勢相手に悲願のダートグレード制覇に向けて「ハイッ」と力強かった。

カツゲキキトキトの優勝を喜ぶ関係者

カツゲキキトキトは2015年6月、笠松でデビュー戦を勝利したが、6着に敗れた後、馬体回復のため放牧に出され、名古屋へ移籍した。その後は「まさかの大活躍」で、スターホースへの階段を上がってきた。笠松の3歳重賞「新緑賞」を木之前葵騎手で制覇。「ずっと笠松にいてほしかった」と、複雑な思いもあるが、東海公営所属馬として、さらに飛躍してほしいものだ。

馬主の野々垣正義さんは岐阜県の馬主会にも所属していたことがある。「カツゲキキトキトはファンに支えられた馬。東海地区以外でも見に来ていただいて盛り上げてほしい」。兄弟子の大畑騎手と木之前騎手が交互に騎乗していた時期もあったが「木之前騎手はまだ若いし、今は先輩の大畑騎手に乗ってもらっている」とのこと。

「カツゲキ」の冠名には「劇的に勝つ」という願いを込めたということで、「ドラマが生まれるといい」と東海や南関東に多くの競走馬を所有。笠松にはかつ

デビューは笠松だったカツゲキキトキト

てカツゲキドラマ（柴田高志厩舎、尾島徹騎手）という期待馬がいた。笠松の２歳最優秀馬（２０１２年）に選出され、東京２歳優駿牝馬（大井）では４着と好走した。

「カツゲキ軍団」の勢いは止まらない。カツゲキキトキトの妹カツゲキマドンナ（牝３歳、名古屋）も１月の園田クイーンセレクションを豪快な差し切りで勝利。５月の「かきつばた記念（ＪｐｎⅢ）」には、カツゲキライデン（名古屋）が出走（結果は11着、優勝トウケイタイガー＝川原正一騎手）。笠松にはカツゲキエース（後藤正義厩舎）が所属。名古屋だけでなく、笠松からも「カツゲキ」の名が付いたスターホースが誕生するといい。

（２０１７・４・28）

※カツゲキトキトは重賞20勝を挙げ、11歳で現役。

渡辺竜也騎手V、ファイナルへ地方勢トップ

ゴールデンウイーク明け、デビューしたばかりの地方競馬の10代騎手らが笠松で燃えた。

地方、中央競馬の若手騎手が激突する「ヤングジョッキーズシリーズ（ＹＪＳ）トライアルラウンド笠松」が5月10日、笠松競馬場で行われた。４月に笠松でデビューした17歳・渡辺竜也騎手と、ＪＲＡ１年目の富田暁騎手がそれぞれ勝利を挙げ、地方勢と中央勢のトップに立った。ゴール前の競り合いを制した２人は、ファイナルラウンド進出を夢見て、地元ファンに満面の笑みで応えていた。

ヤングジョッキーズシリーズで勝利を飾り、喜びの渡辺竜也騎手

シリーズは新設され、若手騎手同士の対戦で騎乗技術を磨く。地方から24人、ＪＲＡから22人が出場。高知（４月）から浦和（11月）まで各地方競馬場を舞台に、東西に分かれてトライアルラウンドを実施。年末の大井、ＪＲＡ・中山でのファイナルラウンドを目指して熱戦を繰り広げる。各騎手は２〜４競馬場で騎乗し、着順に応じた獲得ポイントの平均点が高い騎手14人（地方、中央各７人）がファイナルに進出

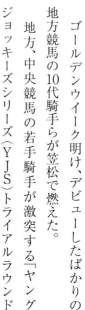

できる。

笠松初戦を勝った地元の渡辺騎手は、Vサインに彩られた勝負服で実力をアピールした。4番人気フジノシラユキ（牝4歳）に騎乗し、2番手から抜け出すと、最後の直線で、19歳・栗原大河騎手（金沢）が騎乗したメイショウダイウン（牡4歳）とのデッドヒートをアタマ差で制した。

渡辺騎手は「3コーナーから早めに動いて、直線では追い抜かれたが、差し返すことができて良かった」。ゴールした瞬間は「負けたと思ったが（内から）届いていた。帰ってきたら1着の所に厩務員さんがいたので、うれしかった」と笑顔を見せた。「いいスタートが切れたので、次の金沢でも頑張ります」と闘志満々。笠松でデビューして1カ月半。4月26日にはサムライズムで初勝利を飾っており、これが2勝目となった。惜しくも2着の栗原騎手は「ゴールでは負けていた。悔しいが、次のレースへプラスにしていきたい」と意欲を見せた。

フジノシラユキ（9）に騎乗し、ゴールを目指す渡辺竜也騎手

「持っている17歳」明るさと勝負強さを

地元・笠松ラウンドをいきなり制覇して「持っている17歳」と、地元ファンをうならせた渡辺騎手。アピールポイントは「持ち前の明るさで周りの人を楽しませ、レースでは勝負強さを見せたい」。開幕前の抱負も「自分らしい騎乗で、ファイナルラウンド『V』を狙います」と強気だった。初戦1着（30ポイント）、2戦目6着（8ポイント）と宣言通りの活躍ぶりで、地方勢トップを走る。笠松と金沢での計4レースに参戦し、「1番年下ですが、遠慮せずに優勝を目指したい」と、金沢でも上位に食い込めばファイナル進出の可能性は高い。

笠松第2戦を勝ったJRAの富田騎手。6番人気ブラックメルベイユ（牝4歳）で、2番手追走から先頭に立ち、押し切った。中央ではまだ1勝だが、笠松で地方初勝利。「手応え十分で、抜け出しただけ。いいアピールの機会になったので、中央でもどんどん勝っていけるように努力したい。トライアル1位で年末のファイナルを目指したい」と闘志。

開幕戦となった高知ラウンドでは、荻野極騎手と小崎綾也騎手が勝つなどJRA勢が1、2着を独占したが、笠松ラウンドでは地方勢が巻き返した。初

YJS笠松ラウンドで優勝を飾った渡辺竜也騎手（左）と富田暁騎手

トライアルラウンド笠松に参戦した地方とＪＲＡの若手騎手たち

戦は1～3着を笠松、金沢勢が占め、東海・北陸地区のレベルの高さをＪＲＡ勢に見せることができ、地元ファンを喜ばせた。第2戦でも、2着に加藤聡一騎手（名古屋）、3着には柴田勇真騎手（金沢）が入るなど、地方勢が活躍した。

笠松では苦戦したＪＲＡ勢。初戦5着の三津谷隼人騎手は、笠松競馬場の印象について「（やや重の馬場で）雨が降った影響もあったのか、砂の深さがあるなあ」と。ＪＲＡ勢は、笠松独特の馬場状態とコーナーがきつい小回りコースに戸惑ったようだ。

年末まで若手ジョッキーの激突は続く。東日本地区開幕戦は川崎で行われ、ＪＲＡからは藤田菜七子騎手や木幡育也・巧也騎手らが参戦する。

騎乗機会に恵まれず、やめていく若いジョッキーも多い厳しいこの世界だが、今回のような地方、中央の若手騎手の交流レースはとても良いアイデアである。賞金面では大きな格差はあるが、人馬の相互交流は急速に進んでいる。地方競馬出身騎手のレベルの高さはアンカツさんをはじめ、ＪＲＡで3年連続リーディングの戸崎圭太騎手（大井出身）らが実証済み。これからは中堅・ベテランも含めて、地方と中央の交流がさらに進むといい。

（2017・5・12）

オークスも1番人気だったライデンリーダー

中央競馬のオークス、ダービーの季節が到来した。今となっては夢物語のようではあるが、牝馬クラシックレース最高峰のオークスでは、笠松所属馬が何と1番人気になったことがあった。

桜花賞とオークスに１番人気で挑戦したライデンリーダーと安藤勝己騎手。笠松で追い切りを行った

1995年春、この年のオークスは、桜花賞に続いて笠松のライデンリーダー（荒川友司厩舎、安藤勝己騎手）が単勝3・2倍で1番人気になった。桜花賞トライアルの「報知杯4歳牝馬特別」（現3歳、フィリーズレビュー）では「鳥肌が立った」というファンも多かったほどの豪脚で圧勝し、桜花賞出走権を獲得。当時の岐阜新聞「記者ノート」に次のような記事を出稿した。

「人馬一体の快進撃期待」（記者ノート）

（1995年3月24日付岐阜新聞）

地方から中央の舞台に躍り出たニューヒ

ロインー。笠松競馬所属の牝馬ライデンリーダーが中央競馬でのデビュー戦を圧勝し、桜花賞（GⅠ）への出走権を獲得した。同じ笠松育ちで国民的アイドルホースとなったオグリキャップ、昨年の桜花賞馬オグリローマンに続くか。地元笠松の期待は大きい。

ワカオライデン産駒のライデンリーダーは、笠松での10戦10勝を含め通算11連勝と女傑ぶりを発揮。今年から地方所属馬にも中央GⅠレースへの参戦が認められ、笠松の名手・安藤勝己騎手（17年連続リーディングジョッキー）とのコンビで、大舞台に挑むことになった。

「中央のGⅠレースに出ることが夢だった」と安藤騎手。「笠松での調教や出走も考えている」と荒川友司調教師。地元ファンのロマンを乗せ、人馬一体の快進撃を期待したい。

桜花賞追い切り、笠松に取材陣約100人

地方馬が中央のエリート馬をなぎ倒す姿にファンは心を躍らせ、桜花賞に挑戦するライデンリーダーの人気が沸騰。地方・中央交流元年のアイドルホースとして、地元・笠松でのライデンフィーバーはすさまじかった。桜花賞追い切りには、全国から取材陣約100人と一般ファン約30人が早朝から詰め掛け、力強いフットワークに熱視線を送った。報知杯での衝撃的な勝利に、地方在籍のままでのクラシックレース制覇の期待が高まった。

本番の桜花賞では単勝1・7倍の圧倒的1番人気。中団後方から進み、最後の直線では内で包まれ、追い上げたが4着に終わった。トライアルの報知杯がピークだったのか、「とにかく残念。うまく流れに乗れなかった」と騎乗したアンカツさん。ワンダーパフュームが勝ち、ダンスパートナーが2着だった。

近年、地方所属馬が中央のGI舞台に立つことは難しくなっているが、ライデンリーダーは、オークス出走権（桜花賞4着まで）も獲得。「差し届か

地方・中央交流元年のアイドルホースとして人気を集めたライデンリーダーと安藤勝己騎手

ず、負けて強し」の印象からか、中央挑戦で活躍馬が目立つ「笠松ブランド」への熱気は冷めなかった。オークス追い切りにも26社の報道陣が笠松に集まり、併せ馬で5馬身ほど先着したライデンリーダーに、関係者やファンは期待を膨らませた。

先頭に躍り出たが、ファンの歓声は悲鳴に

2017年と同じ5月21日、東京競馬場で行われたオークス。女性客も多く、華やかな雰囲気の中、「中央のGIを制覇したオグリ兄妹の夢よ、もう一度」と、多くのファンの期待を背負って、再び1番人気となったライデンリーダー。陣営は、10連勝した笠松時代のように、スピード能力の高さを生かした持ち前のレース運びに懸けていた。

舞台は2400メートルの芝コースで、ライデンリーダーは出走18頭の最内枠。馬体重440キロはマイナス8キロで、連勝中だった頃の460キロ台と比べてかなり細くなっていた。「内で包まれては

不利」とみたアンカツさんは、思い切った先行策で、逃げ馬の2番手からレースを進めた。3～4コーナーの中間でライデンリーダーが先頭に躍り出ると、場内は大きな歓声に包まれた。長い最後の直線、報知杯で見せた豪脚が期待されたが、距離の壁があったのか、ラストの伸びを欠いて、自慢の末脚はバッタリ止まってしまった。

まさかの光景にファンの歓声は悲鳴に変わり、ライデンリーダーは13着に沈んでしまった。食欲が落ちて、体重を減らしていたこともレースに影響したようで、「力があれば、直線で抜けてきたはず。距離も長過ぎた。秋にいいレースがあれば挑戦したい」と荒川調教師。外から鋭く伸びたダンスパートナー（武豊騎手）が制覇した。

2017年のオークス（東京）は桜花賞1～3着のレーヌミノル、リスグラシュー、ソウルスターリングが上位人気。リスグラシューは、ハーツクライ産駒で距離が合い、武豊騎手とのコンビで最有力候補。過去10年で桜花賞出走馬が8勝しており、3強の組み合わせで決まる可能性が高い。09年、強烈な追い込みで制覇したのはアンカツさん騎乗のブエナビスタだった。波乱を呼ぶなら、ここ5年連続で連対を果たしている地方競馬出身騎手の騎乗馬か。ディアドラ（岩田康誠騎手）、ディーパワンサ（内田博幸騎手）、フローレスマジック（戸崎圭太騎手）の3頭が馬券的には面白い存在。

（2017・5・19）

☆オークス・レース結果　①ソウルスターリング②モズカッチャン③アドマイヤミヤビ

ミンナノアイドル出産、ダービーへの夢

オグリキャップ最後の産駒ミンナノアイドル（牝10歳、芦毛）が5月20日、芦毛の男の子を出産した。父はゴールドアリュールで、兄ストリートキャップ（牡5歳）と同じ配合。すくすくと成長して、将来は祖父オグリキャップが果たせなかった夢舞台「日本ダービーへのゲートイン」を目指したい。

ミンナノアイドルは中央では1戦しただけで、オグリキャップの血を継承する繁殖牝馬として、5年ぶりに出産した。ストリートキャップを出産した後は、子宝に恵まれなかったが、再び受胎していることが確認され、待望の次男誕生となった。父ゴールドアリュールは多くの活躍馬を送り出したが、種付けが始まったばかりの2月18日に亡くなっており、貴重な産駒となった。

母馬ミンナノアイドルと誕生したばかりの子馬

NHK「プロフェッショナル」のオグリキャップ特集でも紹介された北海道新冠町の佐藤牧場。出産予定日を過ぎていたが、安産祈願のお守りにも囲まれて、ミンナノアイドルは無事出産。地元の「パカパカ工房」さんを通じて、牧場代表・佐藤信広さんの喜びの声を聞くことができた。

ミンナノアイドル（受胎後）と牧場を管理する佐藤信広さん

出産まで見守り続けた佐藤さんは「予定日から2週間ほど遅れ心配でしたが、元気な子を産んでくれた。30分もすると立ち上がって初乳を飲むなど、健康な男の子です。5年ぶりになるが、アイちゃん（ミンナノアイドル）も子どもをかわいがって、ちゃんとお母さんを務めています」と、愛馬の誕生に一安心。

「オグリキャップの夢を追い掛けたい」

「顔の面影がオグリキャップに似ている。体のシルエットは兄のストリートキャップにそっくりで、活躍を期待したい。不妊や流産が続いて、獣医さんには大変お世話になりました。ファンの皆さんにも安産のお守りを送っていただくなど、いろいろと心配していただいて感謝しています」。今後については「無事に育ってくれたら、母と同じ一口馬主のクラブ（ローレルレーシング）に提供するつもりです。

ほほ笑ましい表情を見せる母子

ファンの皆さんと、もう一度オグリキャップの夢を追い掛けたいですね」と生産者としての気概を示した。

馬産地の出産シーズンは終盤に入っているが、佐藤さんは「オグリの血をつないでいきたい。ぜひとも、キャップの新しい孫を見せてあげたい」とミンナノアイドルを引き取り、繁殖に力を注いできた。

人間からの愛情を受け止めて「より速く走ること」を宿命づけられた競走馬。牧場、馬主、厩舎関係者たちにとっては、愛馬を日本ダービーに出走させて「ダービー馬」の称号を獲得することが究極の目標となる。オグリキャップの子では、１９９５年に「長男」オグリワン（母ヤマタケダンサー）がダービーに挑戦したが17着に終わった。ライデンリーダーが挑んだ95年オークスには、芦毛のアラマサキャップ（母ユウコ）も参戦し、最後方から追い込んで８着だった。

父はフェブラリーSを制覇

今回、誕生した子馬の父ゴールドアリュールはフェブラリーSを制覇し、日本ダービーでは5着だった。ダート血統ではあるが、産駒のストリートキャップは芝で3勝を挙げており、誕生した弟（ミンナノヒーロー）にもダービー出走の可能性はある。オグリキャップファンの大きな夢でもあり、まずはその第一歩を踏み出したといえよう。

フェブラリーSなどGⅠ9勝のコパノリッキーら、ゴールドアリュール産駒の活躍は著しく、大舞台で強い父の良血が開花すればスター街道も夢ではない。ミンナノアイドルの子は、順調に育てば2年後にデビューする。中央GⅠ馬にオグリキャップ、オグリローマンの2頭が輝いたオグリの血脈は、これからもずっと受け継がれていく。

日本ダービー（東京）は大物不在で混戦模様だが、賞金の高いレースでは、外国人ジョッキーの活躍が目立つ。ヴィクトリアマイル、オークスを制覇したルメール騎手が、レイデオロでGⅠ3連勝を狙う。4月、笠松にも参戦してくれたM・デムーロ騎手は、アドミラブルに騎乗。青葉賞などダービーと同じ2400メートル戦を2連勝中で、大外18番から強烈な末脚を発揮したい。

皐月賞1、2着のアルアインとペルシアンナイトは勝負強く、好位から抜け出しを狙う。皐月賞3、4、6着のダンビュライト、クリンチャー、スワーヴリチャードの3頭はダービーで好成績が目立つ内枠に入り、好走が期待できる。地方競馬（川崎）出身で芦毛のトラストは、捨て身の逃げで踏ん張りたい。

（2017・5・26）

☆日本ダービー・レース結果　①レイデオロ②スワーヴリチャード③アドミラブル

東海ダービーも熱い

2017年の東海ダービー馬は「笠松か名古屋か、どっちだ」。

日本ダービーの次は、地方競馬の「ダービーシリーズ」が熱い。名古屋競馬場で行われる東海ダービーは、本命馬不在で混戦ムード。笠松からは園田の3歳牝馬重賞・のじぎく賞を制覇したアペリラルビーら4頭が参戦する。近年劣勢が続いている笠松勢だが、7年ぶりの東海ダービー制覇に燃える。

ダービーシリーズは佐賀を皮切りに熱戦が繰り広げられており、高知優駿、石川ダービーが新設され、計8競走が行われる。金沢勢も参戦していた東海ダービーは、石川ダービー開催に伴って東海勢限定になった。16年はカツゲキキトキト（名古屋）が7馬身差で圧勝。地方競馬の大将格として、17年のオグ

2016年の東海ダービー馬カツゲキキトキト。17年のオグリキャップ記念も制覇した

リキャップ記念も制覇した。
東海ダービーの枠順は次の通り決まった。

6月6日・名古屋11R　東海ダービー

（SPI、1900メートル）

		騎手
①1	フリーゴーイング（名古屋）	加藤聡一
②2	マルヨアキト（笠松）	佐藤友則
③3	ケイサンパルプンテ（名古屋）	柿原翔
④4	ドリームズライン（名古屋）	大畑雅章
⑤5	サンタンパ（名古屋）	岡部誠
⑤6	イスタナ（笠松）	藤原幹生
⑥7	グレイトデピュティ（笠松）	島崎和也
⑥8	カツゲキマドンナ（名古屋）	木之前葵
⑦9	アペリラルビー（笠松）	向山牧
⑦10	サザンオールスター（名古屋）	吉井友彦
⑧11	クインザドリーム（名古屋）	戸部尚実
⑧12	シュヴァルミニョン（名古屋）	丸山真一

重賞ウイナーが7頭も

出走馬には、重賞ウイナーが7頭もいる。笠松勢は、のじぎく賞Vのアペリラルビー、駿蹄賞2着のマルヨアキト、ライデンリーダー記念Vのイスタナ、中京ペガスターカップVのグレイトデピュティが挑む。笠松のリーディング・佐藤友則騎手が乗るマルヨアキトは、ジュニアキングを制したJRA認定レース勝ち馬。名古屋中心のローテーションで一発を狙う。

名古屋勢は8頭。笠松・新緑賞を制したサザンオールスターは乗り慣れた吉井友彦騎手が手綱を取る。カツゲキキトキトの妹カツゲキマドンナは木之前葵騎手の騎乗で、園田クイーンセレクションVの再現を狙う。

トライアルの駿蹄賞はドリームズラインが制覇。笠松勢のマルヨアキトは11番人気で2着、ゴールドブレードが10番人気で3着に食い込み、3連単は

130万円近い大波乱となった。ドリームズラインの大畑雅章騎手は「昨年のカツゲキキトキトに続き、東海ダービー連覇を目指します」と宣言した。

笠松・新緑賞はサザンオールスター(10)が勝ち、イスタナ(5)が2着。ともに東海ダービーに参戦

向山牧騎手、のじぎく賞で10年ぶり重賞V

笠松勢はこのところ、他地区での重賞戦線でも活躍。のじぎく賞では1番人気アペリラルビー(向山牧騎手)が、4コーナー6番手から豪快に差し切って優勝する快挙。07年のライデンリーダー記念(優勝カキツバタフェロー)以来、10年ぶりの重賞制覇となった向山騎手は「最後はいい脚を使うので、末

東海ダービーにアペリラルビーで参戦する向山牧騎手

脚を信じて乗った。直線では勢いがあり、勝てると思った」と会心のレース。栗本陽一調教師にとってもうれしい重賞初制覇になった。夏に強い牝馬が暑さとともに急成長。末脚爆発で東海ダービー馬の称号を手にしたい。

47回目を迎える東海ダービー。ダートグレード時代（1997〜2004年）もあり、これまでの優勝馬は笠松15頭、名古屋23頭、金沢1頭、ＪＲＡ7頭。1980〜90年代はリュウフレンチ、トミシノポルンガら笠松勢13頭が制覇した黄金時代。88年、オグリキャップは中央入りしていなければ、あっさりと獲得していただろう。2007年にマルヨフェニックスが制し、10年の女傑エレーヌを最後に笠松勢の東海ダービー馬は誕生していない。名古屋勢に押され気味の勢力図を塗り替えるためにも、そろそろ「笠松の底力」を発揮し、意地を見せたいところだ。

初夏を彩る清流シリーズが開催された笠松競馬。4月に稼働した大型ビジョンの愛称には、全国から454件の応募があり、岐阜県らしく「清流ビジョン」に決まった。土曜、日曜日にはＪＲＡの馬券が購入できる「Ｊ－ＰＬＡＣＥ」（笠松、シアター恵那）も盛況。笠松本場に来場したファンは、清流ビジョンで日本ダービーなどの迫力あるレース映像を楽しんでいる。（2017・6・3）

迫力あるレース映像が楽しめる
笠松競馬の「清流ビジョン」

ドリームズラインが制覇し2冠

強かった地元の名古屋勢。7年ぶり制覇に届かなかった笠松勢は次こそ。

第47回東海ダービー（SPI、1900メートル）を勝ったのは単勝1番人気のドリームズライン（名古屋）だった。レース中盤からロングスパートを決めて、駿蹄賞に続いて2冠。大畑雅章騎手はカツゲキキトキトに続く2連覇を達成。川西毅調教師は東海ダービー5勝目となった。

笠松勢はグレイトデピュティ（島崎和也騎手）の4着が最高。駿蹄賞2着のマルヨアキト（佐藤友則騎手）が5着で、3番人気のアペリラルビー（向山牧騎手）は6着に終わった。吉井友彦騎手のサザンオールスター（名古屋）が末脚を伸ばして3着に食い込んだ。

東海ダービーを制覇したドリームズライン

カラ馬となったカツゲキマドンナに続いて、先行するグレイトデピュティ（島崎和也騎手）、マルヨアキト（佐藤友則騎手）ら笠松勢

レースは、カツゲキマドンナがスタート直後につまずき、木之前葵騎手が前のめりに落馬。場内から悲鳴が上がり、波乱含みとなった。グレイトデピュティ、マルヨアキトの笠松勢が1、2番手を先行。「カラ馬」となったカツゲキマドンナが最内に切れ込んで、1周目スタンド前ではスローペースで他馬を先導する展開。

勝ったドリームズラインは後方からだったが、抑え切れない手応えで1～2コーナーを一気に進出。3コーナー手前で先頭を奪うと、並びかけてきたサンタンパ（岡部誠騎手）の猛追を振り切って、2馬身半差でゴールした。終わってみれば本命サイドの堅い決着で、やはり名古屋はあまり荒れないようだ。

大畑騎手「ああ、勝つなあ」と

2冠に輝いた大畑騎手と川西調教師が、ドリームズラインでの会心のレースを振り返った。

大畑騎手　「ペースが遅くて早めに行った。3コーナーからサンタンパと2頭で抜け出して『これは負けられない』と思った。一瞬前に出られたが、直線を向いて追ったら『ああ、勝つなあ』と。この馬のいいところは長くいい脚を使えることで、全国を狙える馬。重賞戦線で連勝を伸ばしていきたい」

川西調教師　「パドックの気配、返し馬から絶好の出来で自信があった。後ろ脚がしっかりしストライドが大きい馬で、外を回しても大丈夫だと。（大畑騎手の）乗り方は理想的で、この勝利は一点の曇りもなく満足できた」

大畑騎手「（東海ダービー連覇で）昨年はカツゲキキトキトで99％勝てると思った。今年は抜けた存在がいなかったが、（笑いながら）まあ98％ぐらい勝つかと……」

川西調教師「もっと良くなる馬。距離は長い方がいい。ダービーはいっぱい制してきたが、（次の期待馬で）また東海ダービーを勝たせます」

東海ダービーを制覇した大畑雅章騎手（左）と川西毅調教師

「岐阜金賞でやり返します」

サザンオールスターで3着に追い上げた笠松・吉井騎手は「見た目以上に力がある。ゲートが悪くて出遅れたのは想定内で（最後は）いい脚を使ってくれた。2コーナーではドリームズラインに付いていかず、脚をためていこうと。1900メートルの距離でも持ったのは収穫で、秋に岐阜金賞でやり返します」と意欲。

東海公営の3歳ロードは駿蹄賞、東海ダービー、岐阜金賞が3冠レース。これまでの3冠達成馬は笠松のイズミダッパー（1980年）、サブリナチェリー（93年）、名古屋のゴールドレット（82年）の3頭のみ。カツゲキキトキトは岐阜金賞に参戦しなかったが、ドリームズラインには今秋、24年ぶりの「東海3冠」に挑んでほしい。

園田・のじぎく賞制覇で期待された笠松・アペリラルビーは4番手からレースを進めたが、最後の直線で伸び切れなかった。打倒ドリームズラインへ巻き返しを狙う。

「ワールドオールスタージョッキーズ」（札幌）の地方代表切符（1枚）を懸けた「スーパージョッキーズトライアル」が盛岡で開催され、佐藤友則騎手が参戦。総合4位で第2ステージ（園田）進出を決めた。第1戦12着と出遅れたが、第2戦では13番人気の馬で3着に食い込み、存在感を示した。

「ヤングジョッキーズシリーズ」の西日本地区トライアルラウンドは名古屋で行われ、加藤聡一騎手（名古屋）が1着と8着、栗原大河騎手（金沢）が2着と3着だった。第3戦を終えて、笠松の渡辺竜也騎手が19ポイントで地方勢のトップをキープ。加藤騎手が13・75ポイントで2位、栗原騎手は13・17ポイントで3位。渡辺騎手は東日本地区、JRA勢を含めた全体でも、富田暁騎手（JRA）と並んでトップを快走。このまま、金沢でも好走して、年末の大井、東京競馬場でのファイナルラウンド進出を決めたい。

笠松のエース・佐藤騎手とルーキー・渡辺騎手。ともに全国の夢舞台で大きく羽ばたいて、将来のダービージョッキーを目指してほしい。

（2017・6・9）

珍事、3頭立てレース

「あれっ、きのうの第5レース、3連複と3連単の成績が載ってないぞ」

笠松競馬「水無月シリーズ」初日、2歳新馬戦でのハプニング。翌朝のスポーツ新聞の成績一覧を見て初めて気付いたが、5頭立てのレースで2頭が取り消したため、笠松競馬では珍しい3頭立てレースになったのだ。

馬券は単勝、馬連、馬単が発売されたが、全てが当たり馬券となる複勝、ワイド、3連複の発売は中止。馬単の買い目は最大6通り、3連単でも6通りで「馬単＝3連単」となるため、3連単の発売も取りやめになった。

馬券を買うファン心理はどうか。3頭だけなら「これは絶対に当たるチャンス」なのか、「どうせ安いから、見送ろう」なのか。あるいはレアケースだから「記念馬券を買っておこう」かも。

少頭数のレースでは、意外なアクシデントも起きる。2011年1月、5頭立ての笠松のレースでは、コース整備のトラクター2台が誤って進入。全国の競馬ファンをあきれさせた珍レース「笠松大障害」となったが、人馬はトラクターの間を縫って走り、衝突による落馬事故などは起きなかった。今回のレースでは、3頭だけじゃ寂し過ぎるとばかりに、ファンは皮肉を込めて「トラクターも出走準備？」などと、注目したかも……。

馬連110円、馬単は200円

レース映像を見ると、確かにゲートにはゼッケン

3頭立てでスタートする笠松競馬の2歳新馬戦

2、3着馬を大きく引き離してゴールを目指すマーメイドモアナ

1、2、5番の3頭だけが並んでの異様なスタート。800メートル戦で、コーナーをワンターンする逃げ馬が有利の展開。東川公則騎手のマーメイドモアナが鋭く伸び、49秒3のタイムで2着馬ライトスラッガーに大差をつけてゴールした。

1、2、3番人気の順で決まり、単勝150円、馬連110円、馬単200円と、予想するまでもない決着となった。それでも馬単に大口でぶち込んだ本命党からすれば、2倍なら悪くない配当か。新馬戦ながらも1着賞金は110万円と高額で笠松のオープンクラス。この日のメインレースの1着31万円と比較しても3倍以上だった。

これは、地方競馬全国協会（NAR）が「未来優駿プロジェクト」を実施し、

2歳馬競走に対して付加賞金を交付。優秀な2歳馬育成へ、馬主の意欲向上を図っているからだ。フレッシュで楽しみな2歳戦。東海ダービーなどを目指す将来性豊かな若駒たちは、賞金面でも優遇される。笠松では秋風ジュニアなどのJRA認定競走を勝てば、中央のレース出走の扉も開かれる。

800メートル戦のタイムは将来性を占う意味でも注目される。2017年の新馬初戦は5頭立てで、井上孝彦厩舎の期待馬フローレンスが8馬身差で圧勝。ゲートの出が速く、スピードに乗ったいい走りを見せて48秒3と、コースレコードの47秒7に迫る好タイム。重賞戦線を目指して成長が楽しみな1頭だ。ちなみにオグリキャップのデビュー戦は5月19日と早く、800メートルは50秒1で2着だった(1着マーチトウショウ)。

地方競馬での3頭立ては、全国的にはどうか。2歳馬はやはり体調管理が難しく、取り消すケースも多い。6月4日の佐賀競馬では、3頭取り消しで3頭立てになった。2015年10月7日の名古屋競馬では、取り消しや競走除外もなかったが、3頭立てで枠順が確定。1着だったセンターフォワードは17年5月20日の中央のレース(京都)では、15番人気で2着と好走。3連単150万円近い大穴に絡んでいる。

浦和では馬単700円、3連単480円

15年5月29日の浦和競馬では1頭が取り消し4頭立て。3連複や3連単は売られたが、さらに1頭が競走除外となり、3頭立てになった。微妙なファン心理からか、馬単700円、3連単480円と配当的にも珍現象を生んだ。05年の高知競馬では、当初から3頭立てレースが組まれ、4日間にわたって実施。馬券は単勝のみで、競馬の楽しさをアピールした。

(2017・6・16)

ハイジャ、でら馬スプリントV

名古屋でら馬スプリントを１着でゴールするハイジャ

「金シャチけいばＮＡＧＯＹＡ」が誇る名物レース「第7回名古屋でら馬スプリント」。ラブミーチャンが３連覇した超短距離戦で、笠松生え抜きのハイジャ（牡４歳、井上孝彦厩舎）が、佐藤友則騎手の好騎乗で制覇した。笠松勢は4年ぶりに「最速王」の栄冠を奪回。新たなスターホースの誕生をファンに印象づけた。

重賞としては珍しい８００メートルの電撃戦。中央では、新潟の直線１０００メートルが激しいバトルで人気だが、陸上の１００メートルのような爽快感が味わえ、馬券も当たれば、夏場の暑気払いとしてスカッとする。でら馬スプリントは、地方競馬のスーパースプリントシリーズ（１０００メートルまで）の地区トライアルとして実施され、名古屋、笠松、金沢のスピード自慢9頭が激突した。

5番人気のハイジャは、勢いよく飛び出して2番手をキープ。抜群の手応えでトーホウハンター（宮下瞳騎手）を残り100メートルで抜き去ると、金沢のエトワールロゼ（田知弘久騎手）の追撃をかわし、2馬身差をつけて1着でゴール。直線一気の末脚が爆発し「友則来たー」と、笠松のファンの歓声も上がった。

ハイジャにとって800メートル戦は圧勝した笠松の新馬戦以来。井上調教師は「距離の適性はある。乗りやすいから好位からでも」、佐藤騎手も「デビュー戦の走りから、いけそう」と好感触で臨んだ。3コーナー手前では後ろを振り返る余裕で、有力馬の動きを確認し「4コーナーでは勝てると思い、直線を向いてスパートした」。ひ弱い体質で「これまで悔しい思いもした馬だから、勝てて良かったです」と佐藤騎手。父シニスターミニスター、母ハイフレンドディア。2歳時から大物感があった未完の大器が、ようやく本格化した。

レースでは1番人気のレディエントブルー（大畑雅章騎手）が残り400メートルで、前の2頭に挟まれる形で落馬し、競走中止。最低の9番人気だった金沢・ビュウイモンが、笠松・向山牧騎手の手綱で猛然と3着に突っ込み、3連単44万円台の大波乱を呼んだ。ハイジャからの応援馬券を購入し、3連単は逃したが馬単や3連複は的中した。

ハイジャはデビュー時、笠松競馬の公募で馬名が決まった5頭のうちの1頭。ハイジャの由来は、三重県志摩地方の方言で「頑張れ」「走れ」といった掛け声からだそうだ。2歳時には秋風ジュニアや重賞のゴールドジュニアを勝った実力馬だが、3歳春〜夏に順調さを欠いて東海ダービーを断念。生え抜き馬限定の西日本ダービー（園田）では5着と健闘した。順調なら、全国の快速馬によるファイナル「習志野きらっとスプリント」（船橋）に参戦。ラブミーチャンのように頂点を目指して「ハイジャンプ」

ラブミーチャンの長男・ラブミーボーイ（１歳時）

してほしいものだ。

「ラブミーチャンのためのレース」

スーパースプリントといえば「ラブミーチャンのために新設されたようなレース」とも言われた。２０１１年の第1回から名古屋でら馬スプリント、習志野きらっとスプリントを楽々と逃げ切って3連覇の偉業を達成。地方競馬の「最速女王」に君臨した。引退後は母親としても優秀で、15年から3年連続で無事出産。長男・ラブミーボーイ（父ゴールドアリュール）はＪＲＡの2歳馬に登録。村山明厩舎（栗東）に所属し、新馬戦デビューを目指している。同じ配合で次男（ラブミージュニア）が誕生。3月には長女（レディアイコ、父コパノリチャード）も生まれ、デビュー戦が待ち遠しくなるし、将来の活躍が楽しみだ。

各地転戦で活躍が目立つ笠松リーディングの佐藤騎手。高知優駿（高知）は、マルヨアキト（柴田高

習志野きらっとスプリントを３連覇するなど地方競馬の最速女王として快走したラブミーチャン

志厩舎）で3着と健闘。「スーパージョッキーズトライアル」第2ステージ（園田）では、有力な騎乗馬に恵まれず、6着、9着で総合7位となった。中野省吾騎手（船橋）が優勝し、世界の名手が腕を競う「２０１7ワールドオールスタージョッキーズ」（札幌）への出場権を獲得した。

宝塚記念、競馬に絶対はない

ドリームレース・宝塚記念（25日・阪神）はキタサンブラック（武豊騎手）の1強ムード。単勝1倍台が濃厚だが、競馬に絶対はない。過去に阪神競馬場で観戦した2度の宝塚記念では、まさかの結末。１９９０年、安田記念を圧勝して臨んだオグリキャップは単勝1・2倍だったが、脚部不安からラストの伸びを欠いて2着。伏兵オサイチジョージの逃げに敗れた。2年前には単勝1・9倍のゴールドシップがゲートで立ち上がり、10馬身ほど出遅れ、15着に敗れ去った。過去20年の単勝1倍台は8頭だが、勝ったのはテイエムオペラオー（00年）、ディープインパクト（06年）の2頭のみ。16年のドゥラメンテも単勝1・9倍で2着。「夏は牝馬が強い」と注目

1990年、宝塚記念に挑んだオグリキャップは、単勝1.2倍と人気を集めたが2着に敗れた

した8番人気マリアライトが優勝をさらった。
4年連続で牝馬が3着以内に食い込んでいる波乱含みのレース。11頭立てと少頭数で、穴党にもチャンスがありそう。牝馬は1頭のみだが、ミッキークイーンはオークス、秋華賞のGⅠ2冠馬。直前の動きも良く、瞬発力勝負で一発を狙う。キタサンブラックとの馬連が軸。シュヴァルグラン、ゴールドアクター、レインボーラインの実績馬も。
（2017・6・23）

☆宝塚記念・レース結果　①サトノクラウン②ゴールドアクター③ミッキークイーン

クイーンカップ、猛追届かず2着

地元の笠松、名古屋勢は追い上げ届かず、園田の伏兵馬が優勝をさらった。

東海、北陸、近畿の3歳牝馬による重賞レース「クイーンカップ」（SPⅢ）が笠松競馬で行われた。重賞ウイナー5頭の豪華メンバーが参戦したが、園田の7番人気・ハヴアナイスディ（名古屋・丸野勝虎騎手）が、3番手から抜け出して制覇。笠松勢はアペリラルビー（向山牧騎手）が2着に追い込み、3着は名古屋のカツゲキマドンナ（大畑雅章騎手）だった。

クイーンカップは、中央競馬「秋華賞」へのステップ競走としても実施された。笠松からは2走前に園田重賞「のじぎく賞」を制覇したアペリラルビー、ライデンリーダー記念Vのイスタナ（藤原幹生騎

クイーンカップを１着でゴールする園田のハヴアナイスディ（丸野勝虎騎手）。２着は笠松のアペリラルビー（向山牧騎手）

手）、JRA認定競走勝ち馬のカサマツブライト（佐藤友則騎手）など4頭が出走した。

地元ファン期待の1番人気アペリラルビーは強烈な末脚が持ち味。前半は後方を進み、3コーナーから追い上げを開始。大外から直線一気の猛追を見せたが、勝ち馬には半馬身届かなかった。園田の重賞Vで期待されたアペリラルビーだったが、地元・笠松では、園田の穴馬に栄冠を譲る形になった。

1番人気アペリラルビーと向山牧騎手

笠松のクイーンカップは41回目を迎え、2001年からは東海、北陸、近畿地区交流の重賞競走となっているが、笠松、名古屋以外から優勝馬が出たのは初めて。園田からはミスミーチャン（名古屋・岡部誠騎手）も参戦。ラブミーチャンの馬主でもある小林祥晃さんの所有馬で、中央から移籍後は園田で3連勝中だったが、笠松では4着に終わった。
優勝したハヴアナイスディィに騎乗した丸野騎手は、2016年149勝を挙げた名古屋のリーディングジョッキー。思い通りのレース展開で「外枠から他馬を見ながら、馬なりに行けた。直線でも手応えがあって、最後までしっかりと追えた」。アペリラルビーが迫ってきたゴール前でも「脚色が良く、持ちこたえた」と、ハヴアナイスディィとの初コンビで重賞を制覇し、馬名の通りに「いい一日」となった。

福永騎手、ケイティブレイブで帝王賞V

大井のナイターでは帝王賞が行われた。帝王賞といえば、笠松時代（1989年）の安藤勝己騎手がフェートノーザンに騎乗して制覇しているが、この日は中央勢が上位を独占した。

笠松競馬でもラブミーチャンで優勝したことがある福永祐一騎手

3月の名古屋大賞典で鮮やかに逃げ切ったケイティブレイブ（福永祐一騎手）は、スタートでまさかの出遅れ。「終わったなと思った」という福永騎手だったが、最後の直線で脅威の末脚を発揮。残り100メートルでアウォーディー（武豊騎手）をかわして1着ゴール。想定外のアクシデントが、意外な幸運を呼ぶこともあるようで新境地を開拓。異次元の強さを見せてくれた。福永騎手は4年前、笠松のオッズパークグランプリにラブミーチャンで参戦し、優勝したこともある。

笠松競馬では後藤佑耶調教師が待望のデビューを果たした。6月の最終日には兄・後藤正義厩舎から移籍したユメカナウ（東川公則騎手）で5着。まずは初勝利の夢をかなえて、笠松競馬を盛り上げてほしい。

（2017・6・30）

キャップとパクじい（芦毛伝説）

2010年7月にオグリキャップが天国に旅立ってから、ちょうど7年。笠松競馬場へ最後に雄姿を見せたのは、里帰りした05年4月のことだった。

「先輩、まだ笠松に居たんですか、元気ですね。ファンも多いし、すごい熱気で暑いですね。昔のように、僕と一緒に走るんですか～」と、キャップはやや重い足取りで、つぶやいているかのようだ。

キャップの前を歩くのはハクリュウボーイ。「パクじぃ」の愛称で親しまれ、キャップと同じ芦毛馬だった。現役引退後も、競走馬をパドックまで先導する「誘導馬」として活躍。笠松競馬の名脇役ともいえる存在で、全国最高齢の誘導馬としてファンに愛された。

キャップには、存廃問題で揺れていた笠松競馬復

「パクじぃ」の愛称で親しまれたハクリュウボーイに誘導され、ゴール前に向かうオグリキャップ

興のために一肌脱いでもらう形で「オグリキャップ記念」開催に合わせて里帰りしてもらった。２日間にわたって3度のお披露目式。有馬記念を２度制覇した「芦毛の怪物」は雄大な馬体を見せると、２歳年上の「パクじぃ」の誘導に従った。

現役時代はレースで対戦したこともあり、調教でも顔を合わせていたことだろう。芦毛馬同士で、お互いに見覚えがあったのかもしれない。キャップ20歳、パクじぃは22歳で、馬体は共に真っ白になっていた。風格漂うキャップの迫力に圧倒され、パクじぃは普段よりおとなしかったが、現役誘導馬として活躍中で、若々しくも見えた。

パクじぃの後ろをゆっくりと

涼しい北海道・新冠町から馬運車での長旅だったキャップ。この日の岐阜地方の最高気温は29度で、暑さを感じたことだろう。かつて何度も疾走した懐かしいダートコースを、２人がかりで引かれて、大勢のファンの元へ。「おかえり、オグリキャップ」と書かれた肩掛けで、顔の汗を拭いてもらいながら、パクじぃの後ろをゆっくりと進んだ。

パクじぃの世話係で誘導馬騎手の塚本幸典さんも、キャップの方を心配そうに振り返りながら、ゴール前まで先導。ファンで埋まったスタンドでオグリコールが響く中、笠松競馬で主戦騎手だったアンカツさんとも対面したキャップ。「また僕を走らせるんですか」と言わんばかりに興奮気味で、大きく立ち上がる派手なアクションも見せていた。

「キャップに会いたくて」という７７００人のファンが詰め掛け、全レース終了後には、里帰りセレモニーが盛大に行われた。馬主の小栗孝一さん、鷲見昌勇元調教師ら懐かしい顔が勢ぞろい。キャップは笠松競馬復興の救世主としてのオーラを放っており、「よくぞ、来てくれた」との思いを来場者全員が共有した。

キャップ◎、ハクリュウ○で対戦

オグリキャップとハクリュウボーイが対戦したのは、1987年12月7日の笠松「師走特別」。当時3歳（現2歳）だったオグリキャップにとっては古馬との初対決。岐阜新聞スポーツ面の笠松競馬予想欄では、オグリキャップが本命印の◎で、ハクリュウボーイは対抗印の○だった。キャップはそれまで9戦7勝2着2回で、5連勝中と抜群の成績。芝コースの中京盃（中京競馬場）でも圧勝し、中央競馬への移籍話も浮上していた。

「まさか、また走らされるのでは」。暑さのせいか、足取りがやや重いオグリキャップ（左）

キャップは、追い込みタイプだが、素早く好位に取り付く出脚を備えており、距離延長はプラス材料。単勝1・7倍の1番人気でアンカツさんが手綱を取った。一方のハクリュウボーイは3番人気で、ハマちゃん（浜口楠彦騎手）が騎乗。レースをネット動画で振り返ってみると、ハクリュウボーイは典型的な逃げ馬で、この日も気持ち良く先行したが、3～4コーナーで一気に詰め寄ったキャップの追撃に屈した。最後の直線でも末脚を伸ばしたキャップは、2着ヤングオージャに6馬身差をつけて完勝。

多くのファンの前でアンカツさんとも再会。ちょっぴり興奮気味のオグリキャップ

ハクリュウボーイは見せ場たっぷりの5着だった。

デビューした年に古馬と対戦し、あっさりと撃破した。中央競馬では、この時期の古馬戦は考えられないことだ。キャップにとってこの経験は、中央入り後に大いに生かされた。同世代との対戦でペガサスSから重賞4連勝。古馬相手でも気後れすることなく、高松宮杯、毎日王冠と連勝を伸ばしていった。

笠松・師走特別での1600メートル戦は、最も得意とした距離で、中央移籍後もマイルCSや安田記念を制覇した。笠松でのハクリュウボーイらとの一戦は、中央移籍後の快進撃を予感させるレースとなった。

（2017・7・7）

寺島良調教師（岐阜県出身）がＪＲＡ重賞初Ｖ

「キングズガードが抜けた、リードは2馬身、先頭でゴールイン」。ＪＲＡの重賞レースで、管理する馬が後方から豪快に差し切って優勝。岐阜県北方町出身の若き調教師に歓喜の一瞬が訪れた。

２０１７年７月９日、中京競馬場で行われた「プロキオンＳ」（GⅢ、ダート１４００メートル）。36歳になったばかりの寺島良調教師（栗東）が、５番人気キングズガード（牡６歳、藤岡佑介騎手）でうれしい重賞初勝利を飾った。16年秋にＪＲＡ調教師としてデビューし10カ月での快挙。キングズガード（父シニスターミニスター、母キングズベリー）も初の重賞制覇で、ダート界のＧⅠ戦線をにぎわせる新たなヒーローに躍り出た。

寺島調教師は16年7月に亡くなられた田中章博調教師から、馬とスタッフを引き継いで9月に開業した。初めての重賞Ｖに「早く勝ててホッとしている。田中先生にいい馬を任せていただき、昨秋から重賞で使ってきて、どこかで勝ちたいと思っていた。左回りは未勝利だが、藤岡佑介ジョッキーがうまく

優勝馬キングズガードと寺島良調教師（右）、藤岡佑介騎手

乗ってくれた。中京ダートは前残りも多いコースだが、馬の力が上回った」。追い切りでも自ら手綱を取って万全に仕上げ、狙い澄ました重賞レースでの完勝劇となった。

プロキオンSを制覇したキングズガード

藤岡佑介騎手と握手、喜びをかみしめる

藤岡佑介騎手も「いい脚を使ってくれて強かったですね。開業した時から乗せてもらっていた馬で勝ててうれしいです」。ラスト3ハロン（600メートル）をメンバー最速の35秒6。内から外へ馬群を縫うように抜け出し、グイグイと伸びて会心の騎乗となった。優勝馬との記念撮影に続いて、大勢のファンの前で藤岡佑介騎手とにこやかに握手した寺島調教師。表彰式では、重賞制覇の喜びをかみしめながら、感無量の表情だった。

実家が書店だった寺島調教師は、中学生の頃にゲームやテレビで競走馬に興味を持ち始めた。桜花賞に挑んだライデンリーダーで笠松競馬も知っていたが、関心は中央競馬に向いていた。岐阜北高校で野球部に所属し、守備はサード。「ドラゴンズファンでしたが、プロには行けないし……。競馬が好きだったので、騎手にはなれないが、調教師を目指そうと。北海道大学に行けば馬に乗れるはず」と、入学後は馬術部にも入って主将を務めた。大学に近い札幌競馬場では、ゲート裏で競走馬の「放馬止め」をするバイトにも励んだという。

大勢のファンの声援を受け、表彰式に向かう
寺島良調教師（左）と藤岡佑介騎手

牧場勤務を経て、栗東トレーニングセンターで厩務員から調教助手（大久保龍志厩舎で7年半、松田国英厩舎で2年半）となり、2歳時から世話をしたアサクサキングスは菊花賞馬に輝いた。調教師試験は3度目の挑戦で15年に合格した。

プロキオンSの翌日には、国内最大の競走馬市場「セレクトセール2017」（北海道）に、馬主さんたちと参加。1歳馬3頭が落札され、寺島厩舎で預かることになる。これまでは、田中元調教師から受け継いだ馬を仕上げてレースに挑んできたが、「来年の2歳世代からは、最初からやらせていただける」と自厩舎での育成により力が入る。重賞制覇の直後で、セレクトセールでも祝福の声を掛けられ「これからも、どんどん勝っていかないと」。

国枝栄調教師と同郷「つながり大切に」

桜花賞などGIレース5冠馬のアパパネを管理した国枝栄調教師（美浦）も北方町出身で、地元に帰った時にダービー調教師への夢を語っていた。「同じ町ということで、すごく仲良くしてもらい、『どう？』などと声を掛けてもらっている」と寺島調教師。岐阜の小さな町から中央の舞台で挑戦を続けるベテラン、新鋭の2人の調教師。同じ町にある岐阜農林高校の馬術部は4年前、全日本高校馬術競技大会（障害飛越競技）で準優勝に輝いており、古くからの農耕文化とともに馬との関わりが深い土地柄のようだ。

寺島調教師は夏場の調教は早朝3時ごろからで、忙しい毎日が続く。岐阜の実家には正月を含めて年2回ほどしか帰れないという。「寺島書店」を営む実家の家族は「大きいレースを勝ってくれて、一つの山を越えた感じ。この世界は大変ですが、いい馬と厩務員さんらスタッフに恵まれ、大きな1勝になった。これからもつながりを大切にしてほしい」と願う。

寺島厩舎のオープン馬では、ピンポンが中京記念に出走予定で楽しみだ。開業してまだ1年にもならないが、重賞を一つ勝ったことで、馬主ら関係者の見方も変わってくるし、飛躍を期待するファンも増えてくる。07年の日本ダービーでは、アサクサキングスがウオッカに続く2着で悔しい思いをしただけに「GⅠを取りたい、ダービーを取りたい」と、夢を大きく膨らませる寺島調教師。挑戦は始まったばかりだが、まだ30代と若く、将来性豊か。ビッグレースに強い名トレーナーの道を歩んでほしい。

（2017・7・14）

キングズガードで重賞を初制覇。表彰式で喜びをかみしめる寺島良調教師

「生涯現役」パクじぃにＮＡＲ感謝状（芦毛伝説）

「お馬さんだ～」と駆け寄る子どもたちの前で、いつも立ち止まって、記念撮影に収まる姿はほほ笑ましいものだった。

舌を出し、ちゃめっけたっぷりのパクじぃと、ＮＡＲの感謝状を手にする塚本幸典さん

笠松競馬場の魅力の一つは、ファンと競走馬の距離が近いこと。笠松競馬場一筋に「生涯現役」を貫いたパクじぃ（ハクリュウボーイ）は30歳まで長生きし、２０１３年６月１日に老衰のため、天国へと旅立った。

１９８５年にデビューし、レースでは50戦12勝、２着８回と好成績。90年から誘導馬を務めたほか、スタンド前やウイナーズサークルでのファンとの触れ合い、入場門での出迎えなどで人気を集めた。誘導馬としては１日10レースあれば、装鞍所からパドックまで10往復で10キロ以上（パドック周回含め）を歩いたことになり、たくましい馬体が印象的だった。

地方競馬全国協会（ＮＡＲ）は２０１０年２月、パクじぃに対して、業務馬としては初めてとなる感

セレモニーで激励を受け、ファンたちと触れ合うパクじぃ

謝状を贈呈した。「競走馬、誘導馬として長年活躍。ファンに愛されながら、人と馬の触れ合いの場である笠松競馬に、大きく貢献している功績をたたえます」との内容。オグリキャップも引退直後に、競走馬としては唯一の「ＮＡＲグランプリ特別功労賞」を受賞している。笠松競馬の名を全国に高めた芦毛馬２頭は、地方競馬発展に尽くしたとして、活躍がたたえられた。

パクじぃが感謝状を受けた年の「ＮＡＲグランプリ」では、全日本２歳優駿（ＪｐｎⅠ、川崎）を制覇したラブミーチャンが、２歳馬初の年度代表馬に輝いている。経営面では厳しい状況が続いていた笠松競馬だったが、「明るい未来が開けてきた」と、名馬の里の関係者は大きな喜びに包まれた。

塚本幸典さん「感謝状はファンのおかげ」

「家族の一員」として20年以上、パクじぃを世話してきた塚本幸典さんは「感謝状をもらえたのはファンのおかげ。パク自身、人との交流が生きがいになっているのかも。一日一日の触れ合いを大切にしたい」と、喜びと感謝の気持ちを伝えた。表彰を記

パクじぃと触れ合う視覚障害者ら。癒やし効果もあるようだ

念して、全国のファンが協賛レースも開催。「パクじぃ　僕も頑張るよ」「現役四半世紀記念」など、1日に七つもの冠レースが行われた。感謝状と誕生日を祝福するセレモニーでは、ファンからパクじぃにニンジンが贈られ、交流を深めた。

岐阜市の視覚障害者福祉協議会のメンバーが笠松競馬場を訪れたことがあった。参加した目の不自由な方たちは、パクじぃをなでたりして触れ合いを楽しみ、「毛並みがふわふわしていて、とても元気そう」と喜んでいた。笠松競馬では、引退した競走馬たちを医療分野で活用する「ホースセラピー」の実施に向けた取り組みも進められている。癒やし効果も期待され、競馬場の新たな活用法として注目される。

競走馬、誘導馬として約28年間、笠松競馬の振興に尽くしてきたパクじぃ。その最期は、笠松の若い誘導馬2頭にも見守られて、安らかな顔だったという。「パクじぃさよならレース」が開催され、献花

台も設置された。記帳ノートには「大好きでした。笠松競馬をずっと見守っていてください」などと、全国から来場したファンのメッセージが寄せられた。

パクじぃのブログが開設されており（17年7月時点）、6月には「今年も命日にお花が届きました。ありがとうございます」と感謝のメッセージ。笠松競馬に貢献したパクじぃの遺志は、エクスペルテ、ウイニーの誘導馬2頭に引き継がれた。

日本一の競走馬と最高齢の誘導馬。笠松で一緒に走り、白馬になったキャップとパクじぃは天国で再会し、笠松競馬の守り神となったに違いない。愛され続けた2頭の雄姿は、ファンの目にいつまでも焼き付いていることだろう。

全国各地では夏競馬真っ盛り。中央競馬もローカル色豊か。中京では、笠松リーディングの佐藤友則騎手が存在感を示した。最終レースのフィリピントロフィーでは、8番人気リッパーザウィンに騎乗し、鮮やかに勝利のゴールを切った。「諦めずに追ったら、しぶとく伸びてくれた」と、豪快な差し脚で、6頭が同タイムでゴールする激戦を制した。

ファンにはお待たせ気味だったが、佐藤騎手は2017年のJRA初勝利となった。通算7勝目で、特別レースは初めての勝利で喜びは格別。メインの名鉄杯では、コパノチャーリーで逃げ切りを狙ったが、惜しくも3着。最後の2レースは「友則パワー全開」で見せ場たっぷりだった。

函館記念（GⅢ）では、笠松競馬出身の柴山雄一騎手が、5番人気ルミナスウォリアーで17年初の重賞制覇と気を吐いた。ローカル開催では、地方競馬所属・出身騎手による好走も多いようで、思わぬ高配当を呼び込んでくれる。（2017・7・21）

きょうも乗ってる佐藤騎手

「きょうもどこかの競馬場で乗ってます」。全国を転戦し、「地方競馬の顔」となっている笠松リーディングの佐藤友則騎手（岐阜市出身）は、いつも元気はつらつ。7月は笠松開催が少なく、中央競馬や全国の交流重賞へ精力的に遠征し、ファンの注目を浴びた。

笠松競馬のリーディングで、
中央のレースでも活躍する
佐藤友則騎手

中京競馬ではフィリピントロフィーを勝ち、特別レースを初制覇。東海ダービー5着、高知優駿3着だった笠松のマルヨアキト（牡3歳、柴田高志厩舎）で渥美特別（中京）に挑んだ。

パドックでは、横断幕に「二度と出ない逸材　佐藤友則　地方のエース」と、ファンの熱いメッセージ。気合十分にパドックを周回する人馬とともに、応援団の横断幕を見るのは楽しいものだ。プロキオンS（GⅢ）をキングズガードで制覇した寺島良調教師（岐阜県北方町出身）は、7歳馬ピンポンで中京記念（GⅢ）に挑戦。馬主は小田切有一さんで、「輝け珍名小田切軍団」と書かれた横断幕がユニークだ。

渥美特別のマルヨアキトは、最後方から追い上げたが10着に終わった。単勝300倍の12番人気と、地方所属馬は軽く見られがちだが、穴馬として狙えば、時々おいしい馬券を運んでくれる。複勝の2番と馬連でマルヨアキトを応援したが残念。それでも、

マルヨアキトで渥美特別に挑んだ佐藤友則騎手

隣の1枠にいた伏兵ラウレアブルーム（森裕太朗騎手）が、内ラチ沿いの大逃げを決めてくれて、馬連で万馬券をゲットできた。

マルヨアキトは若さが目立ち、力を出し切れなかった。佐藤騎手は「普段から物見をしながら走っている。もっと馬群に付いていけるといい。地元のレースなら、上の方で走れる馬だから、いい経験になった。芝コースも悪くはない」と振り返った。

佐藤騎手の挑戦は続く。笠松のスターホースとして期待されている4歳牡馬ハイジャで、「習志野きらっとスプリント」（船橋、1000メートル）に参戦。地方競馬・超短距離戦のファイナルで、11〜13年にはラブミーチャンが3連覇し「最速女王」に輝いたレース。ハイジャは「名古屋でら馬スプリント」を勝ち、東海・北陸代表として挑戦。先行力を発揮して5番手につけたが、直線の伸びを欠いて12着に終わった。地元のスアデラが6馬身差で圧勝した。

船橋ナイター↓笠松調教↓名古屋参戦

ナイター競馬の船橋で騎乗後、すぐに笠松に戻った佐藤騎手。未明の2時から調教をこなすと、その

全日本2歳優駿を制覇するなどスプリント女王だったラブミーチャン

日の名古屋競馬にも参戦。人気と実力を備えた花形ジョッキーならではの忙しさか。盛岡で行われた「ジャパンジョッキーズカップ」では、東海地区代表（チームWEST）として出場。JRAの戸崎圭太騎手、ルメール騎手や各地方競馬のリーディング騎手たちと手綱さばきを競った。

働き盛りの35歳に休養日はほとんどないようだ。名古屋開催に続いて、新潟競馬にも笠松のアンティクイーン（牝3歳、笹野博司厩舎）で参戦し、メイン・佐渡Sではクリノラホール（牝4歳、JRA）に騎乗し5着。カサマツブライト（牝3歳、尾島徹厩舎）では9着。新潟2日間で14レースと、JRAの騎手並みの騎乗数だ。

重賞の中京記念は、津村明秀騎手が騎乗したウインガニオン（牡5歳）が2番手から抜け出して制覇。寺島厩舎のピンポンは、午後からの降雨の影響もあって、不向きな馬場で14着に終わった。パドックでは、寺島調教師が自らピンポンの手綱を引く姿も見

られたが、キングズガードに続く中京での重賞連覇はならなかった。

騎乗した荻野極騎手は、藤田菜七子騎手と同期で、デビュー2年目の19歳。7月の笠松戦では、地方・中央交流競走を含めて計7レースに騎乗し1勝、2着2回。JRAの騎手は、笠松に参戦しても交流競走だけ乗って帰るケースが多い中で、荻野騎手の積極姿勢は好感が持てた。中央競馬では若手の成長株として、ファンの注目度は赤丸急上昇。馬券作戦からも目が離せない騎手になっている（2017年47勝）。笠松での好騎乗が、中央のレースにも生かされているようだ。

（2017・7・28）

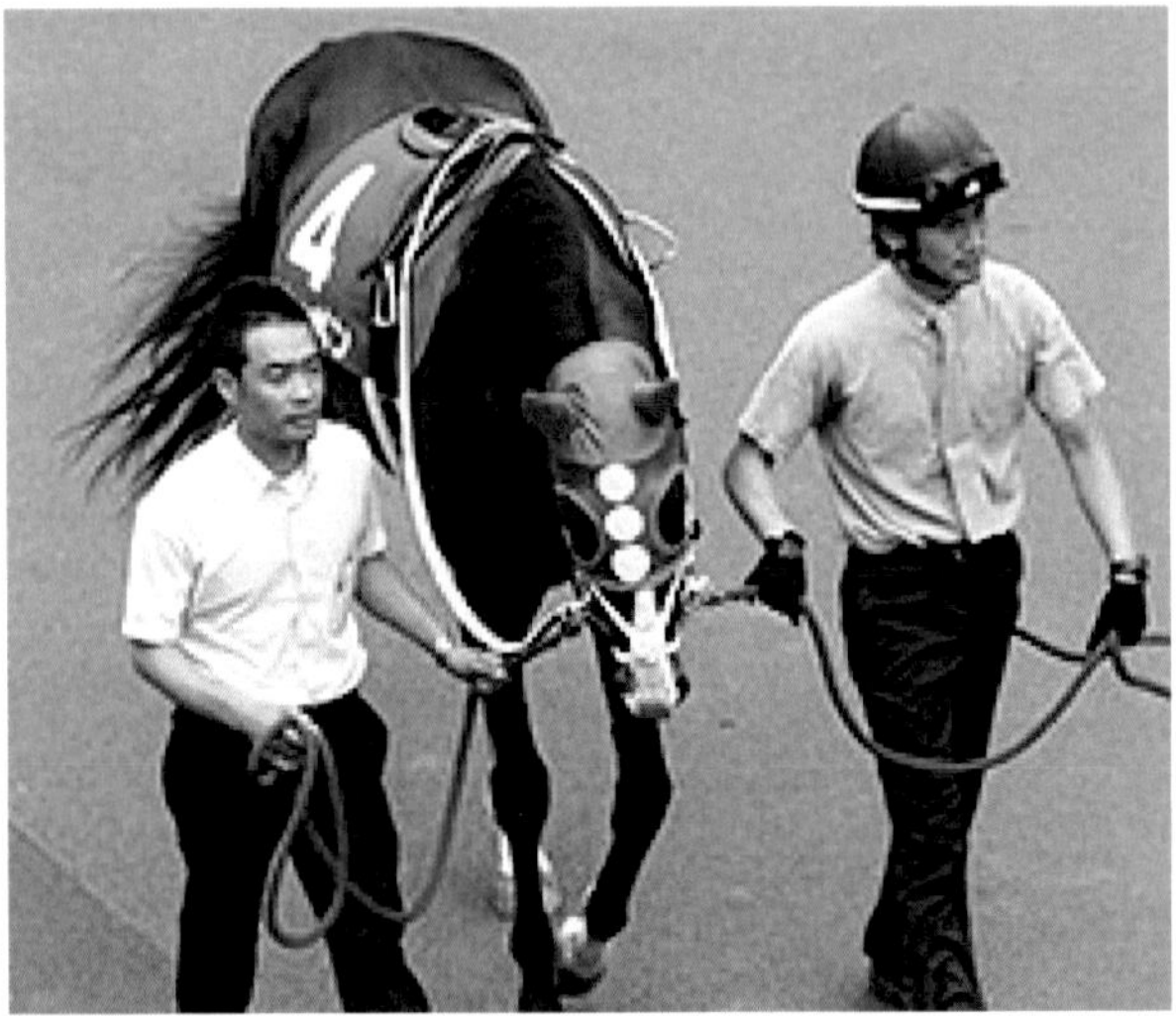
中京記念に出走したピンポンと寺島良調教師(左)

ピンポンに騎乗した荻野極騎手は、笠松でも勝利を飾った

佐藤琢磨選手「最短距離で真っすぐ」

２０１７年５月、世界三大自動車レースのひとつ「インディ５００」で日本人初優勝を飾った佐藤琢磨選手。その積極的な走りは「17年最高のスポーツシーン」と言えよう。

佐藤選手は、中日本自動車短大（岐阜県坂祝町）の客員教授（当時）でもあり、13年の大学祭で取材する機会があった。トークショーで佐藤選手は、レースで速く走るこつについて「車を最短距離で真っすぐに走らせること、コーナーでも滑らせないことがタイム短縮につながる」と熱く語っていたのが印象的だった。

「レースで速く」といえば、競走馬の走りでも同様で、「馬を最短距離で真っすぐに走らせること」が大切ではないか。第4コーナーでは、インを突い

カートバトルやデモ走行でトッププロの走りを披露した
佐藤琢磨選手（左）　2013 年 10 月、中日本自動車短大

て内側の「経済コース」をロスなく走らせるか、包まれるのが嫌で思い切って大外を回らせるかは、ジョッキーの腕の見せどころだ。一瞬の判断力は、ゴール前でのハナ差の攻防を大きく左右する。

佐藤選手運転のカートに同乗して、コースを周回した高校生は「スピード感と迫力があり、スムーズな走りで夢のようだった」と感激していた。コースを周回して1着ゴールを目指すジョッキーも、馬の気持ちに任せて「リズミカルでスムーズな走り」が求められる。特にまだ幼く、フワフワとして遊びながら走る若駒もおり、競走馬として鍛えることは、騎手や調教師たちもやりがいのある仕事だろう。

笠松の2歳牝馬ハイレベル

笠松競馬では、デビューした2歳馬たちが、好タイムを連発してハイレベルな戦いを繰り広げている。ここ数年の馬券販売の好調さもあって、レース賞金が毎年少しずつアップしており、北海道の馬産地から優秀な2歳馬が入ってきたようだ。

5月末に始まった新馬戦は、8月初めまでに5レースが行われた。直前の出走取り消しで、3頭立てとなるレースが2回もあったが、800メートルのデビュー戦を飾った5頭はいずれも牝馬で、やはり夏場の強さを発揮。例年以上に将来性豊かな逸材がそろった印象だ。

「一番星」を飾ったのは、井上孝彦厩舎のフローレンス（佐藤友則騎手）で、48秒3で駆け抜けた。2戦目も48秒1と圧勝し、コースレコードの47秒7に迫る好タイム。持ち前のスピードを生かして、2着馬には2レースとも8馬身差をつける楽勝劇。父は中央ダートで3勝を挙げたサウンドボルケーノで、フローレンスは唯一の初年度産駒。佐藤騎手は「いいスピードを持っているし、上積みが見込めて、今後も活躍できそう」と期待。

後藤正義厩舎のマーメイドモアナ（東川公則騎手）は新馬戦を持ったままで大差勝ちし、2戦目ではタ

新馬戦をコースレコードに迫る47秒9で駆け抜けたスミセイフルールーには吉井友彦騎手が騎乗

イムを1秒縮めて48秒3で圧勝。まだ380キロ台と小柄で、「馬体はもっと増えてほしい。（各地の重賞でも活躍した）母マーメイドジャンプ以上の活躍を」と東川騎手。

新馬戦で1番時計をマークしたのは、尾島徹厩舎のスミセイフルールー（吉井友彦騎手）だ。47秒9と、コースレコードへ0・2秒差。好スタートを決めて加速し、直線も突き抜けて大差勝ち。父エンパイアメーカー、母シーアクトレス（母の父ネオユニヴァース）。追い切りでも古馬を圧倒する勢いで、「ピッチ走法で、乗り味もいい」と吉井騎手。

素質の高い2歳馬がそろったが、秋風ジュニア、ジュニアクラウンなどで直接対決となる。

（2017・8・4）

オグリキャップ引退から27年目の奇跡。血統ロマンは生き続けており、この夏（7月30日）、ファンに朗報が届いた。

オグリ血統ロマン、中央重賞初V

永遠の輝きを放つ笠松競馬場内のオグリキャップ像。その血統を受け継ぐラインミーティアが中央重賞初勝利を飾った

新潟競馬場の名物レース、直線1000メートルの「アイビスサマーダッシュ」（GⅢ）でのサプライズ。西田雄一郎騎手が騎乗したラインミーティア（水野貴広厩舎）が、キャップの血統を受け継ぐ競走馬として初めて、中央重賞勝利を飾ったのだ。

ラインミーティアは牡7歳で、キャップのひ孫にあたる。父メイショウボーラー、母アラマサフェアリー。祖母がキャップの代表産駒であるアラマサキャップという血統。出走表には、母の父までの血統しか表示されておらず、ノーマークで気付くのが遅れて

ラインミーティアでアイビスサマーダッシュを制覇した西田雄一郎騎手

しまった。

キャップの子孫の重賞成績はこれまで、初年度産駒のアラマサキャップとオグリワンの2着が最高だった。アラマサキャップは、1995年のクイーンS（GⅢ、中山）で2着。オークスは8着で、笠松から挑んだライデンリーダー（13着）とも一緒に走った。キャップの長男オグリワンも重賞勝利はなく、小倉3歳S（GⅢ）で2着だった。

ラインミーティアが「新潟千直」制覇

ラインミーティアに騎乗したのは、新潟直線コースを最も得意とする西田騎手。アイビスサマーダッシュの優勝は、2010年のケイティラブ以来2度目で、ともに8番人気での勝利。人馬ともに新潟直線1000メートルのスペシャリストで、最強コンビでの2勝目となった。

レースを振り返ると、ラインミーティアは鋭い末脚で、1番人気フィドゥーシアをゴール寸前、きっちりと差し切った。格上挑戦で胸を借りるつもりだった西田騎手。「オープンでも通用する切れ味があると分かっていた。前の馬の脚も鈍っていたので、しっかり追えば届くと思った。1200メートルでも活躍してほしい」と、今後の走りにも手応え十分。最後のひと脚に懸けたベテランの確かな読みと手腕

中央重賞を初制覇し、スプリンターズSにも挑戦したラインミーティアと西田雄一郎騎手

が光った。
キャップの笠松デビューから30周年。ファンにとっても大きな1勝をプレゼントしてくれたラインミーティア。今後もスプリントの重賞戦線、さらにはGIへと夢は広がる。陣営では、阪神・セントウルS（GⅡ、1200メートル）を挟んで、中山・スプリンターズS（GI、1200メートル）を目標としている。母アラマサフェアリーの産駒は、残念ながらラインミーティアが最後。この牝系の血を途絶えさせないためにも、さらなる活躍で将来の種牡馬入りを期待したい。

ストリートキャップに騎乗した福永祐一騎手

オグリローマンの孫は特別勝ち

札幌では、94年の桜花賞馬オグリローマンの孫にあたるステイパーシスト（牡4歳、尾関知人厩舎）が阿寒湖特別を勝った。騎乗したのはルメール騎手で1番人気。ゲートで立ち上がり、2馬身ほど出遅れたが、後方2番手から追い上げて楽々と差し切った。重賞勝ちはまだないが、今後十分に狙えそうな走りだった。

かすかな光を求めて、受け継がれてきたオグリキャップの血脈。ラインミーティアの重賞勝利に、ステイパーシストの特別レース勝利と続き、オグリの血が急に騒ぎ始めたかのようだ。キャップの孫たちの活躍も期待されているが、中央で3勝を挙げているストリートキャップは、4月から休養中。大井でデビューから3連勝を飾ったオーロシスネも、このところ未出走。両馬には「もうそろそろ走ってほしい」と願うファンの声も上がっている。

ストリートキャップの母は、キャップ最後の産駒ミンナノアイドルで、5月には芦毛の次男を出産した。現役レースは中央の1戦のみで、騎乗したのが三浦皇成騎手だった。その三浦騎手は、札幌競馬場での落馬事故による大けがで騎手生命が危ぶまれていたが、妻・ほしのあきさんの励ましにも勇気づけられて再起を決意。懸命のリハビリを経て、8月12日、ちょうど1年ぶりに同じ札幌で復帰戦を迎えるという。エルムS（GⅢ）ではドリームキラリ（牡5歳）に騎乗予定。まずは復帰戦での「無事ゴール」を祈るファンも多いことだろう（結果は3着）。

（2017・8・10）

「オグリの夢、再び」。ストリートキャップを応援する横断幕

カツゲキキトキト敗れる

東海ダービー馬カツゲキキトキト（牡4歳、錦見勇夫厩舎）が敗れた。笠松競馬の重賞「くろゆり賞」（1600メートル、SPI）は、同じ名古屋のヴェリイブライト（牡7歳、川西毅厩舎）が、ハナ差でカツゲキキトキトを破る金星を挙げた。笠松勢は先行したハイジャ（牡4歳、井上孝彦厩舎）が3着に粘り込んだ。

カツゲキキトキトは元々笠松育ち（柴田高志厩舎）で新馬戦を勝利。名古屋に転厩したが、笠松のファンも多く、くろゆり賞では単勝1・3倍と圧倒的な人気を集めた。地方馬限定では落とせない一戦だったが、休養明けで本調子とはいえずに惜敗した。それでも、キトキトファンの一人として、笠松を復帰戦に選んでくれたことがうれしかった。「旅に出た

くろゆり賞のゴール判定写真。ヴェリイブライトが１着、ハナ差でカツゲキキトキトが２着となった（場内モニター）

愛馬が成長し、帰郷して雄姿を見せてくれた」ようで、懸命な走りは見せ場たっぷりだった。

これまで重賞10勝。地方競馬のエース的存在だが、オグリキャップ記念制覇後は、骨膜炎による脚部不安で3カ月半のブランクがあった。追い切りの動きが今一つで、無理はさせられず、何となく負けそうな空気も漂っていた。オグリキャップ記念では逃げ切ったが、今回は後方から追い上げる展開で、ぎこちないレースぶりとなり、ゴール前の末脚が鈍った。次走は東京記念（大井、SⅡ）が視野に入っており、復活勝利を期待（結果は2着）。大畑雅章騎手の騎乗が続くが、厩舎後輩の木之前葵騎手（キトキトで5勝）の騎乗もまた見てみたい。

ヴェリイブライトでくろゆり賞を勝って、うれしい重賞初制覇を飾った加藤聡一騎手

加藤聡一騎手は重賞初制覇

勝ったヴェリイブライトに騎乗したのは、若手の加藤聡一騎手（名古屋）で、重賞初制覇となった。3番手を進み、4コーナーからカツゲキキトキトとのマッチレースになり、ゴール前での一伸びが光った。「びっくりしていますし、うれしいです。力がある馬で追い切りの動きも良かった。最後はキトキトに負けたかなあと思ったが、『勝ってる』と聞いて……」とにっこり。デビューした2016年は初騎乗初勝利など56勝を挙げ、日本プロスポーツ大

賞新人賞、NARグランプリの優秀新人騎手賞に輝いた。2年目はくろゆり賞制覇で40勝目となり、「100勝も近いので、精進して頑張っていきたい」と意欲を見せた。

笠松勢では、ハイジャが好ダッシュから軽快に先行。最後は名古屋の2頭にかわされたが、ゴール前でも粘りを見せて馬券圏内には絡んでくれた。でら馬スプリントを勝った時のように、2番手から抜け出す形が理想だったが、先頭で目標にされ、距離もやや長かったようだ。

この日は、雨が降ったりやんだりだったが、お盆休みで大勢のファンが詰め掛け、入場者は普段の3倍近い2300人。イベントが多く、若いファンや家族連れの姿も目立った。ばん馬（ばんえい十勝）が来場し、ファンを背中に乗せたりして、触れ合いの場になった。北海道の物産展もあり、にぎわった。

正門横にある競馬新聞販売所の前では、普段とは違った光景も……。笠松、名古屋競馬を中心に競馬タレントとして活躍している神田舞さんが、専門紙「競馬エース」の販売を手伝った。HPで「取材日記」を公開しており、くろゆり賞のパドック解説にも登場した。笠松でのイベント参加は初めてということで大張り切り。オールドファンや若者たちと歓談しながら、場内の雰囲気を盛り上げていた。「（名古屋の時より）笠松の方がお客さんが多いです」と専門紙の販売も上々だったようで、「彼女が200～300部は売った」とか。

競馬タレントの神田舞さんが専門紙販売を手伝い、笠松競馬場内の雰囲気を盛り上げた

藤田菜七子騎手、タッチデュールに騎乗

くろゆり賞後、盛岡ではクラスターカップ（ＪｐｎⅢ）が開催された。４年前にラブミーチャンが、戸崎圭太騎手で制覇したレースで、笠松の８歳牝馬タッチデュールが参戦。３年前のくろゆり賞優勝馬だが、各地の重賞を元気に転戦する日々。この日は、ＪＲＡの藤田菜七子騎手が騎乗したこともあって、馬の実力以上の単勝６番人気。ＪＲＡオープン馬のタイセイファントムを上回る人気ぶりに、笠松のファンからは驚きの声も。盛岡・マーキュリーカップ（ＪｐｎⅢ）では、佐藤友則騎手でもタッチデュールは14番人気だったが……。

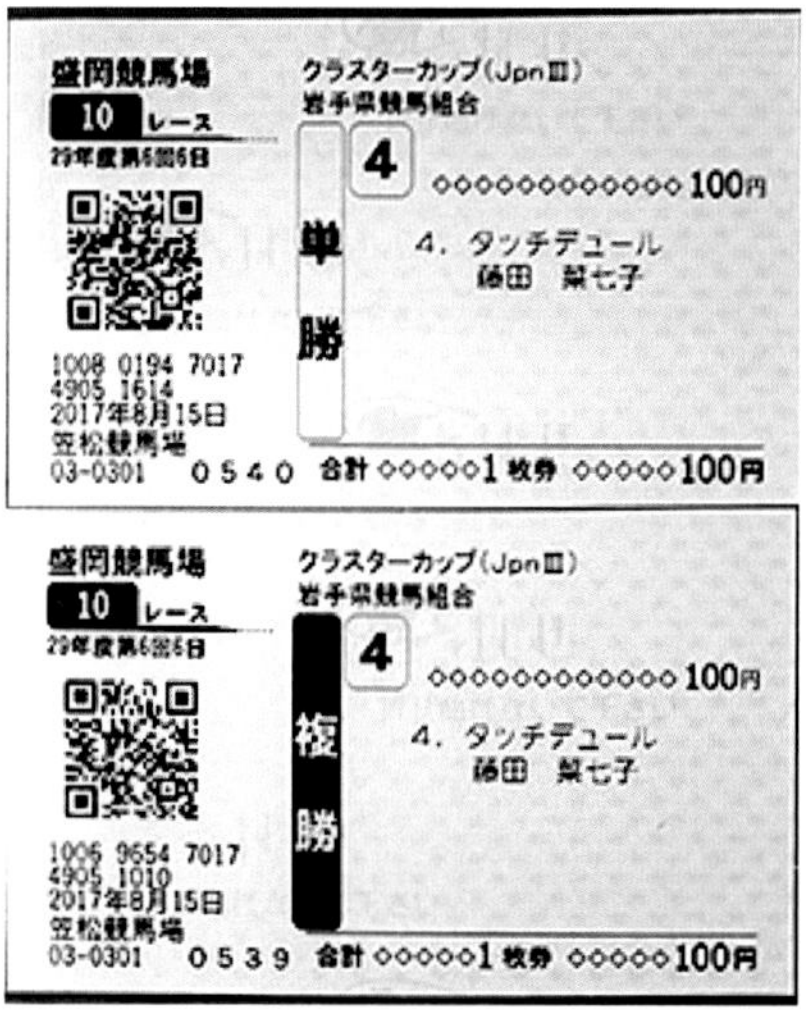

盛岡・クラスターカップで、ＪＲＡ・藤田菜七子騎手が騎乗した笠松・タッチデュールの単勝、複勝馬券

地方競馬での菜七子フィーバーは健在。「タッチデュール＆藤田菜七子」が印字された単複のがんばれ・記念馬券を笠松場外で買ってみたが、結果は「やっぱりなあ」の12着に終わった。菜七子騎手は、ヤングジョッキーズシリーズ（ＹＪＳ）盛岡ラウンドにも参戦。１着と３着でＪＡＲ東日本のトップに立った。

（２０１７・８・18）

渡辺騎手2勝目、YJSファイナルへ前進

真夏の金沢競馬場。笠松、名古屋のデビュー1、2年目の騎手が騎乗した2頭が力強く抜け出して、鮮やかなワンツーフィニッシュを決めてくれた。地方、中央競馬の若手騎手が腕を競う「ヤングジョッキーズシリーズ（YJS）」のトライアルラウンド金沢。笠松競馬の17歳新人・渡辺竜也騎手がシリーズ2勝目を飾って、高らかにVサイン。年末のファイナルラウンドとなる大井、中山競馬場への切符をほぼ手中にした。

金沢でのヤングジョッキーズシリーズでも勝利を飾り、Vサインを見せる笠松・渡辺竜也騎手

レース観戦に訪れた金沢競馬場。入場門を抜けると、競馬新聞が4紙も売られており、威勢のよい掛け声が聞こえてきた。売り場のおばちゃんに「見慣れないやつ」と思われたのか、「どこから来たの」と聞かれ、「笠松から。若い騎手が出るからねぇ」と応援団の気分。現地で買おうと決めていた競馬新聞は600円とやや高かったが、冊子形式になっていて開きやすかった。

西日本地区5戦目となる金沢ラウンド。騎乗馬の

くじ運にも恵まれた渡辺騎手は、第1戦（7R）を1番人気コウユーカゲムシャで勝利。第2戦（9R）は8着だったが、地方勢のトップ（得点率）をキープ。ファイナルラウンド進出へ大きく前進した。渡辺騎手は予定の4レース騎乗を終え、残る開催は園田のみとなった。東西のファイナル進出騎手（地方、中央各7人）は11月に正式発表される。

勝利を挙げたゴール後、うれしそうな渡辺竜也騎手

4月にデビューしたばかりの渡辺騎手は「持ち前の明るさで周りの人を楽しませ、レースでは勝負強さを見せたい」とアピールしていた。笠松ラウンド初戦をいきなり勝利し、金沢でも快進撃はノンストップ。両競馬場での連続勝利でポイントを稼ぎ、地方、中央騎手46人の全体でも、何とトップに立っている。

痛快、渡辺・加藤騎手ワンツー

金沢での1レース目。渡辺騎手のコウユーカゲムシャが3コーナーで2番手に上がると、ラスト200メートルでは、名古屋・加藤聡一騎手騎乗の7番人気ベルウッドレオーネを追って猛スパート。ゴール直前で差し切り、半馬身先着した。おかげさまで、最後の直線では絶叫できたし、買っていた応援馬券（単勝、馬連）も的中。東海勢のファンとしては痛快だった。

笠松の先輩騎手たちからも「頑張ってこい」と活

躍を後押しされていた。渡辺騎手が金沢で騎乗するのは、この日が2度目。7月の重賞・金沢スプリントカップではマイネルボールドで5着と健闘。「先生（笹野博司調教師）に走れるチャンスを頂け、金沢で一度乗った経験が生かせた」という。金沢スプリントカップをライスエイトで勝った池田敏樹騎手からも、金沢コースでの乗り方のアドバイスを受け、好騎乗につなげた。

ゴール前、鮮やかな差し切り。笠松、名古屋の騎手によるワンツーフィニッシュとなった

表彰式では2戦目をソリッドボートで逃げ切った塚本雄大騎手（高知）と一緒にガッツポーズを決め、笑顔がはじけた。渡辺騎手は「内ラチ沿いがいいと聞いていたので、先行馬の後ろでいいポジションが取れた。スルスルと上がっていけて手応え通りによく伸びてくれ、勝てると思った」。ゴール前では、加藤騎手とのマッチレースとなったが、「レース前からリラックスして、落ち着いて乗れた」と大舞台に強いタイプのようだ。表彰式後には、小さな子にも「渡辺さん、サインお願いします」とせがまれる人気ぶりで、うれしそうだった。

出身地の千葉からは両親も駆け付けてくれ、ゴール前では「キャー」とかの歓声が聞こえたという。レース後には「良かったなあ」と一言。笠松にもよく応援に来てくれるそうで、この日は金沢で一緒に宿泊し、勝利を祝った。

表彰式で笑顔の渡辺竜也騎手(右)と高知・塚本雄大騎手

笠松、金沢での計4戦を振り返って、「笠松での勝利はデビュー2勝目でもあり、すごくうれしかった。金沢の1戦目はいい馬に乗せてもらった。2戦目は4コーナーで外を回り過ぎて、思ったようなレースができず悔しかった。今後こういうチャンスがまたあれば、勝っていきたい。地方とは違って、JRAの騎手のシビアな進路の取り方なども勉強になった」という。

渡辺騎手は、金沢での初勝利で計19勝目となった。笠松ではまだ2着(32回)が多く、勝ち切れない甘さはあるが、積極的な先行策も目立つ。まずは順調なジョッキー人生をスタートさせたといえよう。デビューした時からの目標でもある「ファイナルラウンドで優勝」という大きな夢に向かって、前に一歩進んだ。

(2017・8・26)

笠松、名古屋、金沢勢がトップ3

「未来のアンカツさん目指して」。派手なアクションで泥くさく追いまくる地方ジョッキー。武豊騎手に代表されるように騎乗姿も美しくスマートなJRA勢には負けたくないようで、力強さを発揮した。

12月に大井競馬場、中山競馬場で実施されるヤングジョッキーズシリーズ（YJS）のファイナルラウンド。西日本地区の金沢ラウンドを終えて、地方騎手では笠松の渡辺竜也騎手、名古屋の加藤聡一騎手、金沢の栗原大河騎手がポイント争いのトップ3だ。金沢での騎手紹介セレモニーでは、レース結果を予期したかのように、渡辺騎手ら3人が横に並んでいた。

厳しい残暑。夏場の競馬場内は異様な熱気で、より暑く感じられた。パドック、ゴール前、取材場所を駆け回り、馬券売り場前にある売店自販機で水分補給することも、周回コースの一部になった。年末の「ファイナリスト」を目指した各騎手のポイント争いは過熱し、モチベーションも上がっていた。

地方騎手は笠松、名古屋、金沢、兵庫、高知、佐賀から計10人が参戦。上位3人がファイナルへ進出できる。各レースでの着順ごとにポイント（1着30P、2着20Pなど）が与えられる。トライアルラウンドポイント（レースの総獲得ポイントを騎乗回数で割った数字）は、渡辺騎手が18・00Pでトップを走り、このまま逃げ切って1位通過なるか。加藤騎手（15・83P）が2位の座をキープして追撃。3位・栗原騎手（11・25P）、4位・高知の松木大地騎手（9・50P）と続いている。

西日本地区は5ラウンドを終え、残るは園田ラウンドのみ。笠松ファン期待の渡辺騎手のファイナル進出はほぼ間違いないだろうが、まだ確定したわけではない。騎乗予定の計4レース（笠松、金沢）を終えて、「園田のレースを見守りたい」と余裕を見せていたが、油断は禁物だ。残る園田のレースで、負傷などによる欠場騎手が出た場合、渡辺騎手が「代打騎乗」する可能性がまだあるという。

左から加藤聡一騎手（名古屋）、渡辺竜也騎手（笠松）、栗原大河騎手（金沢）の上位３人

渡辺竜也騎手「1位で通過したい」

金沢では、2着2回の加藤騎手も好騎乗が目立った。笠松・くろゆり賞で重賞初Vを飾ったばかりで、気分良く金沢に乗り込んだ。東海勢のワンツーとなった1レース目は、最後は渡辺騎手の人気馬に差し切られた。外枠から強引に先頭を奪い、「3コーナーで早めに行ったが、もう少しうまく乗れば良かった」。2レース目は大外一気の2着にも「詰め寄ったが差し切れず、『悔しい』の一言です」と残念がったが、ファイナル進出には手応えをつかんだ。

3位の地元・栗原騎手も、7月の金沢・MRO金賞で重賞初制覇を果たして臨んだが、10着と5着。

夢のファイナル進出を目指す渡辺竜也騎手は、ひょうきんな一面も

２着２回と健闘したが、悔しそうな加藤聡一騎手

「2レースとも下手乗りしてしまった」と悔しそう。予定の8騎乗を終え、ファイナル進出は神頼みして待つしかないか。YJSでは渡辺騎手が2勝、加藤騎手が1勝2着3回、栗原騎手も2着2回と活躍。東海、北陸地区の騎手のレベルの高さを全国にアピールできた。

17歳の若さで、夢の大舞台へ。「2位、3位じゃなくて、1位で通過したいです」と強気の渡辺騎手。年末に大井、中山で騎乗することになれば、「勝ちたいです。一つでも良い着順を取りたいし、勝ってガッツポーズがしたい。笠松の先輩騎手も応援してくれている。デビューした時からの目標でもあり、ファイナルで優勝したいです」と意欲。東日本地区のJRA勢では藤田菜七子騎手がトップを走っており、腕を競うことになるかもしれない。

「千葉県船橋市出身なんで、中山競馬場は実家にも近いです。両親や祖父も応援に来てくれるでしょう。夢だった中山で乗ることをイメージして、チャンスを生かしていきたい。大井の印象は、笠松に比べて馬場が広くて乗りやすそう」。他の騎手のようにギラギラ感はないが、持ち前の明るさでレースでもそれほど緊張しないタイプか。笠松ではアンカツさんが16歳でデビューし、3年目から18年連続リーディング騎手に輝いており、偉大な大先輩の背中を追ってほしい。レースセンスが良くて将来性豊か。1、2年後の成長ぶりが楽しみだ。

金沢ラウンドが終了。若手騎手たちの熱戦に夢中で、昼食を取るのも忘れていて、気が付いたら食堂は閉まり、競馬場名物のにぎりずしも食べ損なった。競馬場前では、かつての笠松のように無料バスがファンの帰りを待っていた。帰り道、海鮮料理の店も見当たらず、結局は回転ずしで妥協したが、これが妙においしかった。また2年目も笠松や金沢での、成長した若手騎手たちの活躍を楽しみにしたい。

（2017・9・1）

ファンサービスで無料バスも運行されている金沢競馬場

筒井騎手好調、リーディング2位

グリーンチャンネルの番組で、全国の地方競馬場を巡る「日本列島ダービーの旅」が放送されているが、「笠松ダービー」だけなくて残念だ。この地区には東海ダービーがあり、名古屋競馬場でのみ開催されている。笠松の現役騎手で「ダービージョッキー」と呼べるのは、筒井勇介騎手（田口輝彦厩舎）ただ一人で、2010年にエレーヌ（山中輝久厩舎）で東海ダービーを制覇した。17年は笠松リーディング上位につけており、飛躍の年となっている。

リーディング２位と好調の笠松・筒井勇介騎手

笠松所属騎手は15人のうち9人が30代。もう「若手」とは呼んでもらえないだろうが、中堅として働き盛りだ。最もブレークしているのが34歳の筒井騎手で、重賞勝ちはないが、リーディング争いでは前年の6位から2位に躍進。トップを走る佐藤友則騎手を追う、不気味な存在となっている。

筒井騎手は静岡県出身で、２００２年に笠松デビュー。かつては人気薄の馬で万馬券を運んくれる「穴男」のイメージも強かったが、堅実さが増してきた。前年76勝（連対率24・5％）だったのが、17年は８

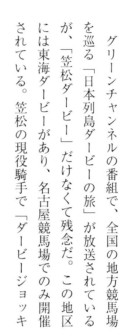

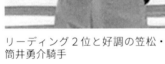

月末までに73勝を挙げ、連対率も36・2％と大幅アップ。3着が多いのも特徴で、複勝率は5割を超え、3連複や3連単の馬券を買うファンには欠かせない騎手だ。

勝利数ランキングでは、2年連続リーディングを目指す佐藤騎手が88勝でトップ。2位で追い掛ける筒井騎手とは「15勝」の差があるが、年末まで4カ月あり、まだ安全圏とはいえない。3〜5位には向山牧騎手、東川公則騎手、吉井友彦騎手のリーディング経験者が続く。

2016年の笠松グランプリではオグリタイムに騎乗した筒井勇介騎手

エレーヌら「笠松ガールズ」重賞上位独占

筒井騎手といえば、やはり女傑エレーヌ。全国を疾風のごとく駆け抜けた活躍ぶりは圧巻だった。気性は激しかったがよく頑張ってくれた馬で、「バネが抜群にいい。地方の3歳馬では敵なしで、中央馬を相手にどこまで走れるか楽しみ。勝利を重ねて笠松競馬を盛り上げたい」と意気込みを語っていた。

当時はGI馬ラブミーチャンがデビュー2年目で、桜花賞トライアル挑戦などで脚光を浴びていた。笠松の牝馬たちは、元気さを全国にアピール。いずれも山中厩舎で、3歳のエレーヌ、コロニアルペガサス、プティフルリールの3頭は「笠松ガールズ」のキャッチフレーズで、各地の競馬場を転戦。水沢、佐賀の重賞レースでは1〜3着を独占するなど、い

2010年、筒井騎手とのコンビで年間重賞記録の8勝を挙げた笠松のエレーヌ（右）。園田・のじぎく賞も制覇した

までは考えられない圧倒的パフォーマンス。全国のファンから熱い視線が注がれた。

東海ダービーなど年間重賞8勝

エレーヌの記録は「すごい」の一語だ。北海道から笠松の山中厩舎へ転厩後に、快進撃が始まった。9カ月間に地方、中央合わせて全国12競馬場で計20レースに出走。名古屋・スプリングカップで重賞を初制覇し、東海ダービーでは後方から一気に突き抜けた。重賞5連勝を含め、年間重賞勝利数1位タイとなる8勝（地方）を飾る強烈なインパクト。1988年のオグリキャップ（中央7勝、地方1勝）や96年のホクトベガ（中央1勝、統一7勝）に並ぶ記録で、21世紀ではエレーヌ1頭のみだ（ほかにアブクマポーロ〈98年〉、テイエムオペラオー〈2000年〉も8勝）。

牝馬競走の振興を図る「グランダム・ジャパン」3歳シーズンでは、初代女王のタイトルを獲得。古馬シーズンにも参戦し、中4日（園田から水沢）、中5日（水沢から佐賀）の過密なレース間隔で出走した。タフな馬だったが、毎回違う競馬場への遠征が続き、疲れがたまっていったのだろう。9月、デビューの地である北海道・門別遠征では13着に敗れ、結果的にラストランとなった。悲しいことに、笠松帰厩後、体調不良から心不全で急死。「悲運のプリンセス」となってしまったが、日本の競馬史に残る名牝だった。

重賞をいっぱい勝たしてくれたエレーヌとの急な別れ。ショックは大きかったが、筒井騎手にとっては、騎手人生を変えてくれた名馬と出会えたことに、感謝の気持ちしかないようだ。けがやスランプの時期を乗り越えて、エレーヌや関係者に恩返しするためにも、騎乗技術を磨いている毎日だ。

筒井騎手は、中央競馬では06年、笠松のオグリホット（母オグリローマン）で初騎乗（京都・洛南特別）し、13番人気ながら5着と好走した。中央での勝利はまだないが、2月には京都で3着があった。同年代で良きライバルでもある吉井騎手も未勝利で、お互いチャンスがあれば中央での初勝利を飾りたいことだろう。

2月に通算800勝を達成した筒井騎手。セレモニーでプラカードを持ってくれた佐藤騎手の前で、「すごく調子が良く、リーディングも狙っていきたい」と宣言。モチベーションを高め、一つ一つ丁寧に乗って結果を出していることが、好成績につながっている。

お盆開催では8勝を挙げたように固め勝ちもある筒井騎手。ダービージョッキーとしてのプライドを胸に、秋競馬で勝利を積み重ねて、笠松のエースの座を射止めた佐藤騎手を慌てさせる展開になれば、リーディング争いは面白くなる。

（2017・9・8）

オグリひ孫、夏のスプリント王者

オグリキャップのひ孫にあたるラインミーティア（牡7歳、水野貴広厩舎）が、阪神「セントウルＳ」（ＧⅡ）で2着に突っ込み、ＪＲＡのサマースプリントシリーズ王者に輝いた。

ラインミーティアは、7月の新潟・直線1000メートル「アイビスサマーダッシュ」（ＧⅢ）で、オグリキャップの血統を受け継ぐ競走馬として初めて、中央重賞勝利を飾った。シリーズ最終戦となったセントウルＳでも西田雄一郎騎手が手綱を取った。距離が1200メートルに延びたためか、単勝は6番人気だったが、低評価に反発するかのような痛快な走りを見せてくれた。

中団を進み、ラスト200メートルから内に切れ込むと、ゴール前で鋭く伸びた。勝ったファインニ

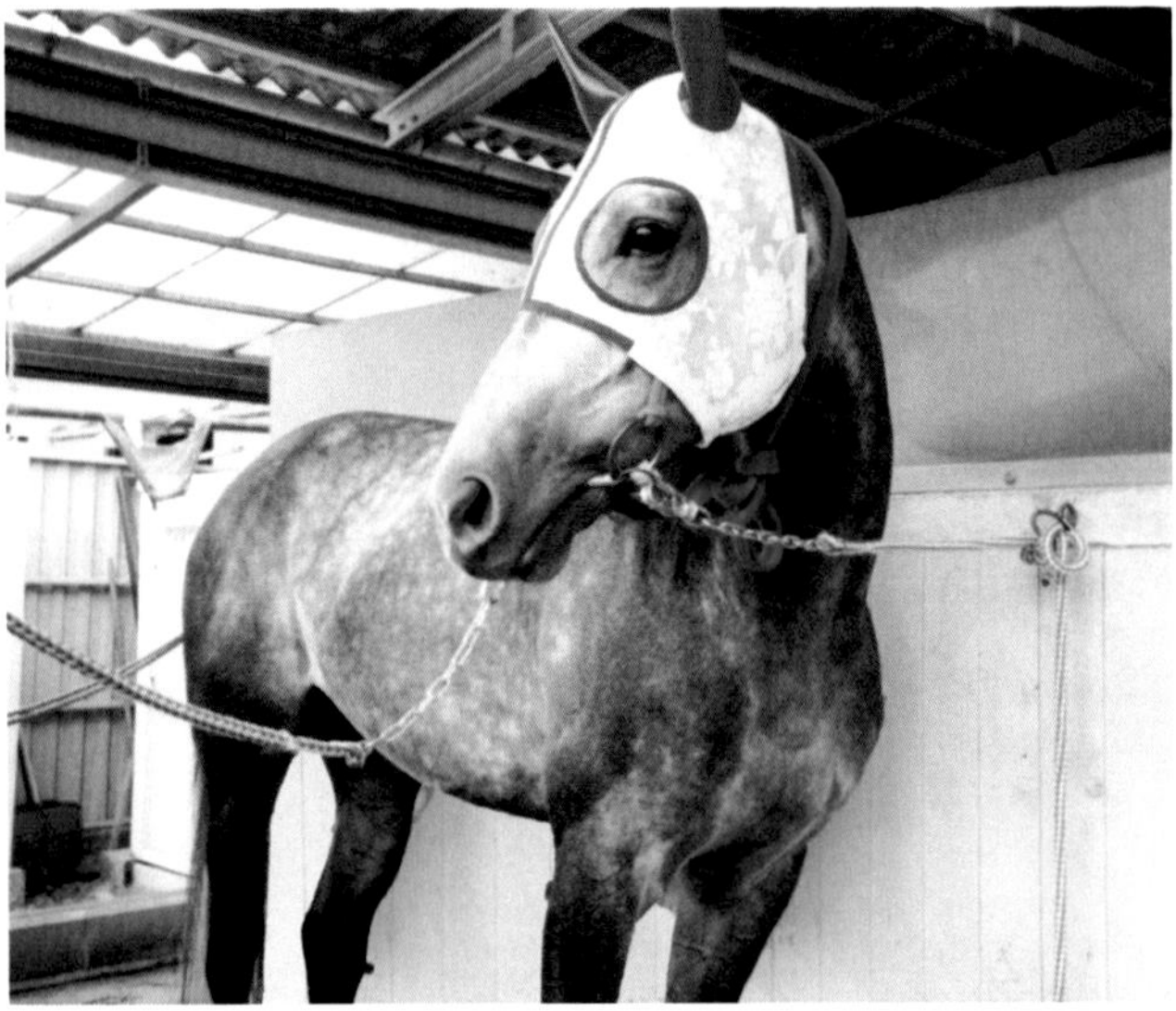

現役時代のオグリキャップ。ひ孫にあたるラインミーティアが夏のスプリント王者に輝いた

ードル（牡4歳、ミルコ・デムーロ騎手）には1馬身余り届かなかったが、短距離での差し脚は破壊力十分。西田騎手とのコンビで2勝、2着1回と相性も良い。サマースプリントシリーズで合計16ポイントを獲得。14ポイントのエポワスを逆転して、栄冠をつかんだ。

「力をつけている。仕掛けがやや早く、ワンテンポ遅らせていれば、もっと際どい勝負になっていたはず」と西田騎手。「末脚を生かすこの馬のレースに徹するだけ」と挑んだ水野調教師。重賞の連勝は逃したが、「内容は良かった」とラインミーティアの勝負根性をたたえ、10月1日に中山で行われるGI「スプリンターズS」（1200メートル）へ名乗りを上げた。

絶好調のミルコ・デムーロ騎手。阪神競馬場のフォトスポットのパネルでは「アナタ、メッチャカルイやん！」のポーズ

オグリワンの日本ダービー以来

笠松でも騎乗してくれたミルコ・デムーロ騎手。セントウルSを勝ち、17年は宝塚記念を含めて重賞11勝目となった。連対率は4割を超え、やはり「持ってる男」はパワーもすごい。阪神競馬場内にあるユニークなフォトスポットのパネルでは、「アナタ、メッチャカルイやん！」とお姫さま抱っこのポーズを決めていた。桜花賞デーのレース後、前を通ったことがあった。ちょっと勇気がいるのか、挑戦している女性の姿はなかったが……。

オグリキャップが現役時代、中央デビュー戦のペガサスSを勝ったのも阪神競馬場。同じ舞台でラインミーティアは「サマースプリント王者」のビッグタイトルを獲得。年齢的にもこの秋がピークの状態で、西田騎手も「まだ完璧には乗れていないので、差は詰められるはず」と手応え十分。スプリントの重賞ロードを突っ走り、スプリンターズS制覇へとファンの夢も広がる。オグリ一族のGI挑戦となれば、ラインミーティアの祖母アラマサキャップ（オグリキャップの子）が1995年のオークスで8着、オグリワンが日本ダービーで17着となったが、それ以来だろう。

笠松2歳馬が激突した秋風ジュニアをビップレイジングで制覇した藤原幹生騎手

藤原騎手&ビップレイジング「秋風J」V

地方競馬は秋競馬に突入し、笠松・名古屋勢が各地の重賞戦線で存在感を示した。

笠松の2歳戦でJRA認定競走の「秋風ジュニア」（準重賞）を勝ったのは、藤原幹生騎手が騎乗したビップレイジング（笹野博司厩舎）。北海道からの転入馬で、中団からあっさり差し切り勝ち。笠松生え抜きのマルヨバリオスが2着、マーメイドモアナは3着だった。

藤原騎手は15年、北海道・門別で武者修行。期間限定騎乗の3カ月間に23勝を挙げて、騎乗技術を磨いた。馬産地で競馬への視野を広げ、16年は96勝（リーディング4位）と飛躍。秋風ジュニアでは、ビップレイジングの道営時代のレース映像を参考にし「イメージ通りに反応してくれた。これから大きなレースで頑張ってくれるといい」と、中央や交流レースでの活躍を期待していた。

笠松・くろゆり賞、大井・東京記念で惜しくも２着だったカツゲキキトキト

園田チャレンジカップでは、笠松のハイジャ（佐藤友則騎手）が2着と好走した。勝ったのは、名古屋・かきつばた記念を制覇したトウケイタイガー（川原正一騎手）。ハイジャは4コーナー過ぎで追い上げて詰め寄ったが、最後は4馬身差。「園田の壁は高いですね」と佐藤騎手。相手が元笠松のレジェンド・川原騎手なら納得の結果か。その後、ハイジャは残念ながら、けがのため休養入りし、復帰は半年ほど先になりそう。

大井の東京記念（SⅡ）にはカツゲキキトキト（大畑雅章騎手）が参戦し、惜しくも2着だった。地方馬同士の２４００メートル戦で、オグリキャップ記念（1着）のように先手を奪うと、軽快な逃げ。ゴール直前で単勝123倍の伏兵・サブノクロヒョウ（大井）にVをさらわれたが、復活を印象づけた。

（２０１７・９・15）

遅咲き、異色の30代騎手たち

プロ野球選手は、年齢的には「28歳ぐらいが全盛期」といわれた時代があったが、最近では選手寿命が延び、40代で現役続行のプレーヤーも増えてきた。ジョッキーはどうか。体力、技術的にもピークを迎えて、活躍が華々しい世代は、やはり30代だろう。中央競馬のリーディング上位20人を見てみても、戸崎圭太騎手やミルコ・デムーロ騎手ら12人が30代だ。

笠松競馬では、騎手15人のうち9人が30代。この3年間では、トップジョッキーに成長した佐藤友則騎手と吉井友彦騎手がリーディングに輝いているが、30代には移籍組や遅咲きの苦労人も多く、個性派がそろっている。今回は、そんな笠松の中堅騎手たちに注目してみた。

地元出身の島崎和也騎手（柴田高志厩舎）は32歳の誕生日を迎えたばかり。本命馬に騎乗する機会は多くないが、波乱含みのレースではよく大穴馬券に絡んでくれる。デビュー15年目の3月、自厩舎の牡3歳グレイトデピュティで、名古屋の第1回中京ペガスターカップを制覇。うれしい重賞初勝利となった。2月の通算３００勝達成セレモニーでは「初重賞を取りたい」と宣言しており、夢がかなった。

グレイトデピュティは、東海ダービーで笠松勢最先着の4着、金沢のＭＲＯ金賞でも3着と力のあるところを見せた。東海地区3冠レースの「岐阜金賞」（笠松）に出走するなら、思い切った騎乗で大駆けを期待したい。島崎騎手にとって、重賞制覇は大きな自信になったはずで、各地の交流重賞でも存在感を示していきたい。

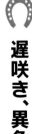

グレイトデピュティで重賞初勝利を飾り、東海ダービーにも挑んだ島崎和也騎手

池田敏樹騎手、福山時代にNAR新人賞

池田敏樹騎手（栗本陽一厩舎）は広島県出身の33歳。廃止になった福山競馬時代には、2003年にNAR優秀新人騎手賞を受賞。重賞は福山ダービーなど9勝を挙げ、輝かしい足跡を残してきた。新天地を求めて13年に笠松へ移籍。毎年50〜60勝を挙げ、今夏の金沢スプリントカップでは、ライスエイトで鮮やかに逃げ切り、移籍後初の重賞勝利を飾った。

ライスエイトで笠松移籍後の重賞初制覇を果たした池田敏樹騎手

福山より馬場が広くて乗りやすく、ファンにもよく声を掛けてもらっているそうで、笠松にどっぷりのようだ。地方通算1000勝の大台達成も近い。

タッチデュールで大原浩司騎手重賞2勝

大原浩司騎手（山中輝久厩舎）は三重県出身の37歳。エレーヌ、トウホクビジンに続く「鉄の女」とも呼ばれるタッチデュール（牝8歳）とは縁が深い。11年の笠松デビュー時から騎乗し、ジュニアクラウン、プリンセス特別（現ラブミーチャン記念）の重賞2レースを制覇。これまでにJBCクラシックに挑戦するなど、全国の重賞レースを中心に165戦を駆け抜けてきたタフな馬。大原騎手は、オータムカップでもコンビを組んで9着に終わったが、地元レースでもうひと花咲かせてほしい。チャンスがあれば、他の馬でも久々の重賞制覇を果たしたい。

タッチデュールで重賞2勝を飾っている大原浩司騎手。オータムカップでもコンビを組んだ

山下雅之騎手（川嶋弘吉厩舎）は、京都府出身の33歳。異色の経歴の持ち主で、デビューは29歳と遅かった。中学時代には乗馬クラブに通い、同じく京都府出身の吉井騎手とも一緒に習った。JRAや地方競馬の騎手学校の試験は不合格となり、園田での厩務員のほか、建築や営業の仕事もこなしたが、騎手になる夢は捨てなかった。

その後、笠松で活躍していた吉井騎手と連絡を取り、後藤保厩舎で厩務員として働いた。騎手学校には行けなかったが、調教経験やゲート練習を実らせて、地方競馬騎手試験に一発合格。デビュー日に勝利を挙げる幸先の良いスタートを切った。まだ重賞勝ちはないが、16年秋の楽天競馬賞では、サンダルエチケットで勝利。地方競馬盛り上げ役でもある「競馬大使」の津田麻莉奈さんと、楽しいポーズも決めていた。

楽天競馬賞を勝利し、喜びの
山下雅之騎手

松本剛志騎手、2度目の期間限定騎乗

園田の松本剛志騎手は38歳。笠松では半年間の期間限定騎乗中で、加藤幸保厩舎に所属。21勝を挙げた前年に続き2度目の参戦となった。歓迎セレモニーでは「笠松の馬場にも慣れてきて、2桁は勝ちたい」と笑顔を見せていたが、今回も9月前半までに24勝を挙げる躍進ぶり。16年秋の岩手（期間限定騎乗）ではジュニアグランプリ（ダズンフラワーに騎乗）で重賞初制覇を達成。勝てる馬での騎乗機会を求めて、全国を渡り歩く騎手生活が向いているようだ。

騎手という職業は、やはり「馬に乗ってなんぼ」であり、1レースごとの騎乗手当も大切な収入源。馬主や調教師の信頼を得て声を掛けてもらい、どれだけ多くの馬に騎乗できるかがポイント。笠松の騎手たちは連日、午前1～2時から馬にまたがり、20頭以上の調教に励んでいるという。それぞれの馬の

笠松競馬所属騎手（2024年2月現在）では、ただ一人30代の森島貴之騎手

園田から笠松へ。期間限定騎乗の歓迎セレモニーで笑顔の松本剛志騎手

癖を知り、能力を引き出す地道な努力こそが、本番での騎乗依頼にもつながり、一人一人がモチベーションを高めている。

同年代で仲も良く、お互い腕を競い合う笠松の30代騎手たち。目標はそれぞれで、年間50勝以上を挙げることや、笠松所属馬での中央レース参戦も大きな夢という。少数精鋭で磨いてきた騎乗技術は高い。地元で勝利を積み重ね、交流重賞など全国レベルでの活躍につなげたい。（2017・9・24）

※島崎和也騎手、池田敏樹騎手、山下雅之騎手の3人は引退した。

オグリの血、スプリンターズS挑戦

オグリの血が騒ぐGⅠ初挑戦。夏のスプリント王者に輝いたオグリキャップのひ孫・ラインミーティア（牡7歳）が中山競馬場での「スプリンターズS」（芝1200メートル）の夢舞台にゲートインする。

ゴール前200メートルから豪快な末脚を発揮し、西田雄一郎騎手とは最高のコンビ。アイビスSD（GⅢ）で重賞初制覇、セントウルS（GⅡ）2着と、夏場の活躍が目覚ましかった。スプリンターズSでは、意外と人気がないが、「最強の穴馬」として波乱を呼ぶか。厳しい戦いにはなるが、オグリ一族としては、オグリローマンの桜花賞制覇（1994年）以来となるGⅠ奪取を目指す。

西田騎手は、オグリキャップの大ファンでもあった。10代の頃、有馬記念でのラストランにすごく感動し、最初に好きになった競走馬で、騎手を目指すきっかけにもなった。その血が入っているラインミーティアに騎乗できることは、この上ない喜びだろう。自ら手綱を取って、GⅢ制覇に続き、GⅠに挑む不思議な巡り合わせ。自身2度目のGⅠ挑戦で、一発を狙う。

ラインミーティアは夏の上がり馬で、7歳にして本格化した大器晩成型か。470キロほどに馬体が絞れて、追い込みに徹する競馬で本領を発揮。「今回もこの馬のラストの切れ味を引き出すように乗り、勝負するだけ。通用する力はあるはず」と、マイペースでじっくりと走らせ、豪快な差し切りに懸ける。

ラインミーティアで「この馬の競馬を」

秋のGIシリーズ開幕戦となるスプリンターズSは12、13年に連覇したロードカナロアのような絶対的エースは不在。混戦模様で、どの馬にも優勝のチャンスがありそうだ。前年優勝のレッドファルクス、ここ2年の高松宮記念覇者のビッグアーサーとセイウンコウセイ、セントウルSを制したファインニードルらが上位人気を集めそうだ。

現役時代のオグリキャップ。笠松デビュー30周年を迎え、ひ孫のラインミーティアがGIに挑戦する

夏場の疲れから回復したラインミーティア。追い切りでは、バネ十分のフットワークで前走時の好気配をキープし、中山コースも問題なさそうだ。GIということで、さらに相手が強くなるが、「あまり欲は出さずに、この馬の競馬をしてくれれば」と水野貴広調教師。

スプリンターズSの過去10年の傾向はどうか。前走はセントウルS組が4勝、2着3回、3着4回と突出した強さで、最重要ステップといえる。ロードカナロアは、いずれもセントウルS2着から挑んで連覇を飾った。15年のストレイトガールも4着からの制覇。重賞1勝のみで、戦績では見劣るラインミーティアだが、セントウルS2着の勢いで、チャンスを生かしたい。

ＪＲＡ移籍後もＧＩハンター（22勝）として活躍したアンカツ（安藤勝己）さんだが、スプリンターズＳの勝利はなく、２着が３回もある。惜しかったのは03年のビリーヴ。高松宮記念でアンカツさんにＧＩ初制覇をプレゼントしてくれた名牝だが、スプリンターズＳではゴール寸前、デュランダルの強襲にハナ差で屈した。アンカツさんは08、09年のビービーガルダンでは３着、２着。11年のパドトロワも２着だったが、翌年のアイビスＳＤ、キーンランドＣを勝ち、夏のスプリント王者に導いている。

　オグリの血を継承する素質馬は、地方競馬でも走っている。９月の大井競馬では、キャップの孫オーロシスネ（牡４歳）が４月以来の復帰戦を圧勝し、４連勝を飾った。デビューは４歳の１月と遅れ、まだＣ級レベルだが、単勝１・２倍の圧倒的１番人気に応えた。中団から４コーナーで先頭に並びかけると、ラスト２００メートルから豪快に突き抜けた。

　オグリキャップの母・ホワイトナルビーから脈々と受け継がれてきた笠松発の血統ロマン。四半世紀の時を超えて、オグリ一族の闘志に再び火がついたかのようだ。中央のＧＩ制覇はキャップが４度、オグリローマンが１度。ラインミィーテアが挑む中山競馬場は、キャップがラストランの有馬記念で優勝し、伝説のオグリコールが響き渡った舞台。

　勝敗は抜きにして、まずはＧＩにゲートインしてくれるだけでいい。オールドファンには、たまらない一瞬で、オグリキャップのように武者震いしたくなるかも。まずは単勝・複勝の「がんばれ馬券」で応援したい。

（２０１７・９・29）

※オーロシスネは４連勝後に屈腱炎《くっけんえん》のため引退し、北海道・ホースフレンドファームに入厩。

ミンナノアイドル次男、スターホースへ

オグリキャップ最後の産駒ミンナノアイドル（牝10歳、芦毛）の次男が5月20日、佐藤牧場（北海道新冠町）で生まれ、母馬や牧場スタッフの愛情に包まれて、すくすくと成長している。２年後の夏にも競走馬としてＪＲＡでデビューする予定で、偉大な祖父のようなスターホースを目指すことになる。

父は2月に亡くなったゴールドアリュールで、繁殖牝馬ミンナノアイドルにとっては、５年ぶりの出産となった。生後5カ月になる「ミンナノアイドルの２０１７」は、祖父オグリキャップや兄ストリートキャップ（5歳、美浦）と同じ芦毛の男の子。地元の「パカパカ工房」さんによると、9月24日には、一口馬主クラブ「ローレルレーシング」の会員を対象にした募集馬視察ツアーが行われ、ミンナノアイドルの次男がお披露目された。まだ幼いが、バランスの良い馬体で立ち姿が堂々としており、母馬に寄り添って愛くるしい表情を見せていたという。

母ミンナノアイドルは07年5月生まれ。ＪＲＡのレースは、三浦皇成騎手を背に東京競馬場で1度だけ走ったが、14着に敗れて繁殖入りした。牧場代表の佐藤信広さんは「種牡馬を引退したようなオグリキャップでしたが、『最後に1頭でいいから、子どもを取り上げたい』と有志が集まって、サポーターズクラブを結成。種付けを支援していただいて誕生したのがミンナノアイドルでした」と感謝した。

「念願かなって、初子のストリートキャップは活躍してくれていますが（ＪＲＡで3勝）、ミンナノアイドルは不妊が続いて、5年ぶりの子どもになり

ます。（ようやく子宝に恵まれ）かわいくてしょうがない存在で、皆さんと一緒に応援できたら幸せです」と、オグリキャップの血統を守り抜く決意を熱く語った。

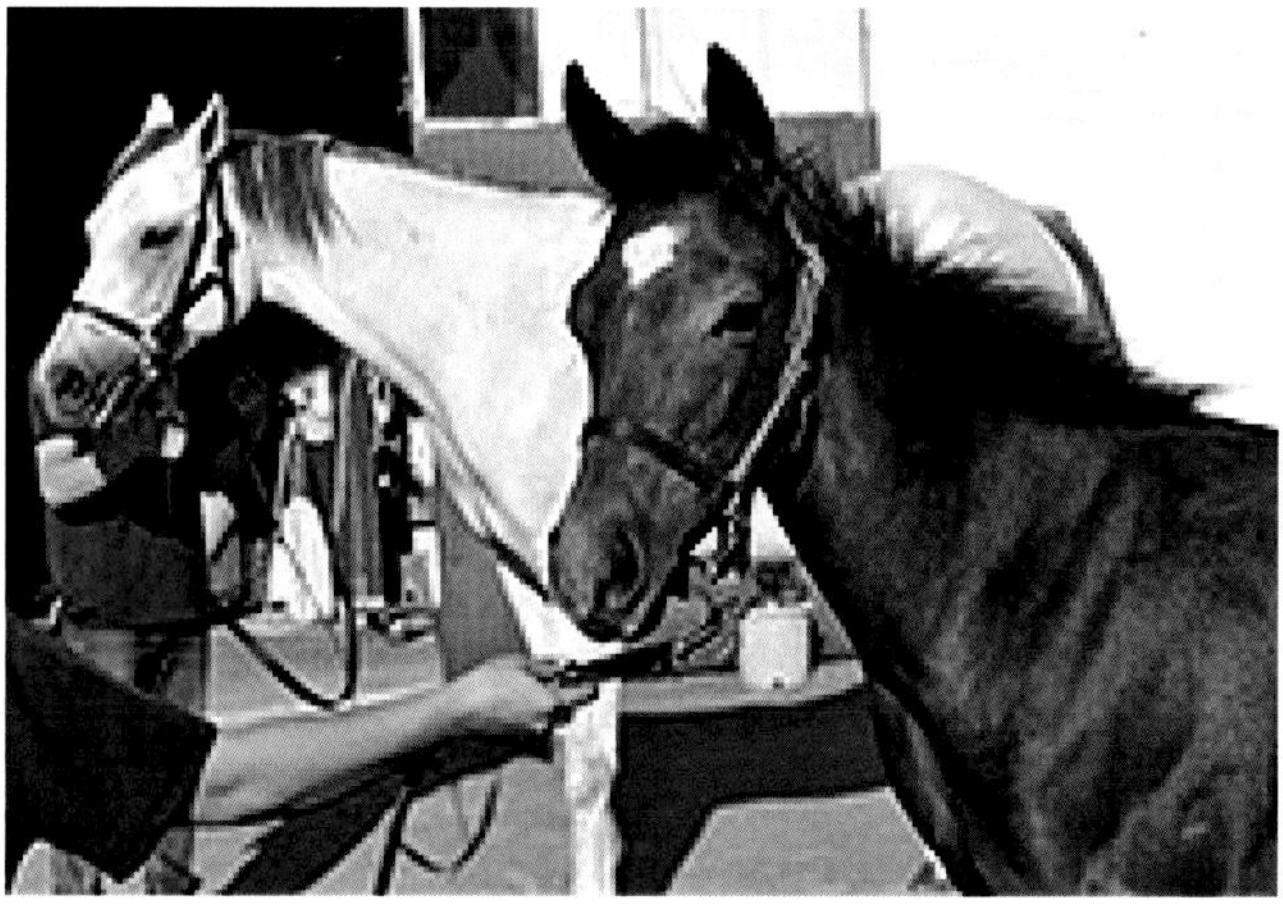
母馬ミンナノアイドルと、寄り添う愛くるしい次男

会員たちは、ミンナノアイドルの母子と触れ合いながら、記念撮影も楽しんだ。「かわいい、かわいい」と鼻先や首筋をなでられても動じず、しっかりとポーズを決める姿に「こんなに落ち着いた子馬は見たことがない」と驚いた様子だったという。

「ミンナノアイドルの２０１７」400口募集

兄ストリートキャップの一口馬主募集は２００口だったが、「より多くのオグリキャップファンに夢の続きを共有してもらおう」と、「ミンナノアイドルの２０１７」（ミンナノヒーロー）は４００口（１口４万円）で募集が始まった。ローレルクラブのホームページによると、兄と同じ斎藤誠厩舎（美浦）に入厩予定。「将来の競走馬としての資質は確か。芦毛馬として生まれ、オグリキャップの血を受け継ぐ宿命と期待の重さが感じられる」という。ファンも「たくさんの人と、ずっと夢を追い掛けたい」と、兄ストリートキャップを超える活躍を願っている。2年後のJRAデビューを目指すミンナノアイドルの次男の成長が期待されている。

オグリキャップのひ孫ラインミーティア（母アラマサフェアリー）が、夏の新潟・アイビスSD（GⅢ）で重賞を初制覇。スプリンターズS（GⅠ）にも挑戦したことは、佐藤牧場にとっても、新たな可能性を感じて刺激を受けたことだろう。たくさんの安産祈願のお守りに見守られ、スタッフの祈りが通じたかのように、牧場には吉報が届いた。ミンナノアイドルが、秋の天皇賞などGⅠ3勝馬・モーリスの子を無事に受胎したのだ。順調なら出産は18年4月28日の予定。佐藤牧場では、オグリキャップの血脈をつないでいくためにも、今後は跡継ぎとなる牝馬の誕生も期待されている。

5月に生まれ、順調に成長している「ミンナノアイドルの2017」

秋競馬はいよいよ本番へ。笠松競馬場では、前年好評だった「笠松競馬秋まつり」が開かれ、所属騎手によるサイン会をはじめ、盛りだくさんのイベントが楽しめる。菊花賞（JRA）や西日本ダービー（佐賀）のレース展望やトークショーもあり、競馬場内で馬券が購入できる。メインステージでは、FC岐阜やSKE48の公開録音もある。大勢の家族連れや若者グループの来場が期待されており、木曽川河畔の小さな競馬場で、のどかな雰囲気を満喫してほしい。

（2017・10・3）

オグリファンの夢を乗せて

スプリンターズSに挑んだオグリキャップ のひ孫
ラインミーティアと西田雄一郎騎手

中山競馬場に響き渡った伝説のオグリコールから27年。同じ舞台でスプリンターズSに挑んだオグリキャップのひ孫ラインミーティア（牡7歳）が、ファンの夢を乗せて、力強く駆け抜けた。

1995年、祖母アラマサキャップ（オグリキャップの子）がオークスで8着、オグリワンが日本ダービーで17着となったが、それ以来となるオグリ一族のGI参戦。10番人気だったラインミーティアは、残念ながら13着に敗れ、やはりGIは甘くなかったが、精いっぱい頑張ってくれた。熱い血統ロマンをかき立ててくれた西田雄一郎騎手とのGIステージ挑戦をたたえたい。

パドックでは、7歳馬らしく落ち着いた周回を見せ、馬体も好仕上がり。本馬場に向かうラインミー

先頭から最後方まで16頭が一団となったゴール前。レッドファルクス（8）が大外からレッツゴードンキを差し切って連覇

ティアと西田騎手にファンから声援が飛んだ。息をのむ電撃戦。全馬そろったスタートだったが、ラインミーティアは直後につまずいて1馬身ほどのロスがあり、後方2番手から追走。最後の直線では内から伸びてはきたが、届かなかった。優勝馬とのタイム差は0・7秒差で、それほど負けてはいなかった。

「スタート後、トモを滑らせてしまい、後方の位置取りになってしまった。もったいなかった。このポジションになっては、GⅠでは厳しかった」と西田騎手。上位に食い込めず、悔しかっただろうが、レース後はサバサバとした表情だった。

芦毛馬が強かった。勝ったのは1番人気レッドファルクス（ミルコ・デムーロ騎手）。中団後方から、15年の桜花賞馬レッツゴードンキを豪快に差し切ってスプリンターズS連覇を飾った。ゴール前では、同じ芦毛馬のスノードラゴン（16番人気）とともに、白っぽい馬体の2頭の勢いが際立っていた。

ラインミーティア、夏場に完全燃焼

ラインミーティアも決め手なら引けを取らないが、展開に左右される脚質。GⅠ初挑戦の重圧もあったのだろう。過去10年、サマースプリント王者は既に完全燃焼し、秋のスプリンターズSを勝った馬はいなかった。ラインミーティアにも夏の疲れが残っていたようで、厳しいGⅠの流れに対応できなかった。

最後の直線で内側を疾走するラインミーティアと西田雄一郎騎手のコンビ（最奥）

「負けて残念だが、いい夢を見させてもらった」と、応援したファンたちの声は温かかった。９歳のスノードラゴンも４着だったし、７歳ならまだまだ頑張れるだろう。来夏の新潟・アイビスＳＤでは、西田騎手を乗せて連覇を飾りたい。中京の高松宮記念など、またスプリントのＧⅠ舞台にも戻ってきて、オグリキャップの血を残せる活躍を見せてほしい。遅咲きのラインミーティアと苦労人・西田騎手の挑戦は続く。

秋競馬は地方でも熱戦を展開。金沢・白山大賞典（ＪｐｎⅢ）ではカツゲキキトキト（大畑雅章騎手）が２着に食い込んだ。ＪＲＡ勢５頭が参戦し、インカンテーション（岩田康誠騎手）が優勝。カツゲキキトキトは３番手追走から、クリノスターオーとの２着争いで先着し、存在感を示した。地方・中央交流重賞ではこれまで、名古屋グランプリ、名古屋大賞典の３着が最高だったが、悲願のダートグレード制覇へまた一歩近づいた。

盛岡・マイルＣＳ南部杯（ＪｐｎⅠ）には中央馬キングズガードが参戦。７月のプロキオンＳ（ＧⅢ）で、自身にとってもうれしい重賞初勝利を飾った寺島良調教師（岐阜県出身）は、「順調にきている。東京盃を目標にしていたが、忙しい1200メートル戦よりも、マイル戦の方が競馬がしやすい。うまくさばければ」と意欲。この馬場を得意にしているコパノリッキーとベストウォーリアの一騎打ちムードに割り込めるか。

騎乗するのは中野省吾騎手（船橋）で、4年前に笠松で期間限定騎乗（4勝）したことがある。8月のワールドオールスタージョッキーズに地方代表として出場するなど、最も勢いのある若手騎手。笠松からも昨夏のくろゆり賞覇者サルバドールハクイ（東川公則騎手）、トキノベラトリクス（森島貴之騎手）の2頭が参戦。（2017・10・6）

※ラインミーティアは2018年8月、蹄葉炎《ていようえん》のため亡くなった。

スプリンターズS優勝馬レッドファルクスとミルコ・デムーロ騎手

ドリームズライン、岐阜金賞Vで東海3冠

24年ぶりの「東海3冠馬」が誕生。ゴールでガッツポーズの大畑雅章騎手

ゴールの瞬間、歓喜のガッツポーズを見せた大畑雅章騎手。圧倒的1番人気に応え、V一直線で夢をつかんだドリームズライン（牡3歳、川西毅厩舎）。24年ぶり、史上4頭目となる「東海3冠馬」が誕生した瞬間だった。

3歳重賞「第41回岐阜金賞」（SPI、1900メートル）は、3冠達成の期待感が充満。ドリームズラインは、2コーナー辺りから得意のロングスパートでポジションを上げ、最後の直線で抜け出すと、詰め掛けたファンも勝利を確信。笠松・アペリラルビー、兵庫・マイフォルテの追撃を振り切って、鮮やかに3冠ゴールを決めた。父ドリームジャーニー、母ジョディーズライン（母父クロフネ）という血統。

笠松・菊花シリーズの岐阜金賞は、JRAの菊花賞に相当する3歳クラシック戦で、名古屋の駿蹄賞、東海ダービーに続く最後の1冠。過去の3冠馬は笠松のイズミダッパー（1980年）、名古屋のゴールドレット（82年）、笠松のサブリナチェリー（93年）の3頭のみだった。ゴールドレットといえば懐かしく、笠松競馬場に通い始めた頃の最強馬。23戦して20勝、2着3回という怪物ぶりを発揮し、後には「東海帝王」とも呼ばれた。

ドリームズラインの東海3冠達成は、21世紀初の快挙となった。大畑騎手は「周りからも言われていたので、3冠を取れてホッとしています。ゲートを出て手応え十分で、折り合いを重視した。最後は意外と脚が上がったが、頑張ってくれた。長くいい脚を使う馬なので、（全国の交流重賞でも）長距離で挑戦していきたい」と喜びをかみしめた。

川西調教師は、東海ダービーを5度も制覇しているが、岐阜金賞にはこれまで縁がなかった。ここ7年で2着が4度と惜しいレースが続き、どうしても欲しかった1冠。3年前にはキーアシスト（丸野勝虎騎手）で挑んだが、大畑騎手のノゾミダイヤにハナ差負け。その大畑騎手に手綱を託し、並々ならぬ決意で臨んだ岐阜金賞。「（初の古馬戦で4着だった）前走後も意外と元気で、きっちりと仕上げた。目標にしていたレースで、3冠への思いは強かった」と悲願達成に満足そう。

「彼にはリモコンを付けている」

「先生の言う通りに乗った」という大畑騎手に対して、川西調教師は「彼にはリモコンを付けているからねえ。冗談ですが……」と、思い通りのレース展開にユーモアを交えたコメント。「ジワッといい脚が使える馬だが、安心はできなかった。（マイフォルテに騎乗した）吉原寛人騎手には、まくられないようにした」とレース後は一安心。

笠松勢では、2着に食い込んで意地を見せた向山

3冠馬ドリームズラインと川西毅調教師(左)、大畑雅章騎手

牧騎手のアペリラルビー。4コーナーからインを突き、外へ動いて鋭い差し脚で追い込んだが、勝ち馬には1馬身半届かなかった。「レース内容は結構良かった。でも相手が強かった。下手に乗っても勝っちゃうような馬で、完敗です」と向山騎手。園田・のじぎく賞を豪脚で勝った時のように重馬場なら、ゴール前はもっと際どかっただろう。

3着の園田・マイフォルテに騎乗した吉原騎手。「スタートで出遅れて、位置取りが良くなかった。勝ち馬をまくることができなかったが、最後はよく伸びてくれて力があるなあと。でもディープインパクトの子にしては……」とやや消化不良の様子。9月には園田・ウインオベロンで笠松・オータムカップを制覇。「(最近は園田からも)声を掛けてもらえるんで」と笑顔だった。

笠松の佐藤友則騎手とともに、地方競馬のトップジョッキーとして遠征が多い吉原騎手。盛岡・南部杯では、7番人気ノボバカラで2着と健闘。GIレース10勝目を飾ったコパノリッキーには屈したが、３着キングズガード（寺島良厩舎）の追撃をかわした。応援していたキングズガード絡みで馬券（３連単）もゲットできて、吉原騎手にも感謝だ。

久々の３冠馬誕生で盛り上がった笠松競馬だが、地元勢の岐阜金賞Ｖは、２０１０年のマルヨサイレンス（尾島徹騎手）が最後。近年は名古屋、園田勢に優勝をさらわれている寂しい現状。２歳勢では、ビップレイジング（藤原幹生騎手）がＪＲＡ認定競走の秋風ジュニアとジュニアクラウンを連勝した。好位からの差し切りに磨きがかかれば、３冠レースでも優勝を狙えそう。

（２０１７・10・20）

岐阜金賞ゴール前の熱戦。勝ったドリームズラインを追う２着アペリラルビー（左から４頭目）

笠松競馬秋まつり盛況、オークションやＳＫＥ48

所属騎手たちも参加して、雨空を吹き飛ばす熱気。競馬場内を開放した第2回「笠松競馬秋まつり」は、台風21号の影響で「重馬場」での開催となり、一部イベントが中止になったが、家族連れや若者グループらでにぎわった。

初日には、笠松競馬所属騎手サイン会が行われ、名古屋競馬の宮下瞳騎手、木之前葵騎手も飛び入り参加。快くサインに応じ、ファンとの交流を深めた。

2日目は、メインステージでチャリティーオークションをはじめ、ＦＣ岐阜やＳＫＥ48の公開録音（ラジオ番組）も行われ、盛り上がった。

チャリティーオークションでは、東川公則騎手、佐藤友則騎手、吉井友彦騎手の３人がステージに登場し、競馬タレントの神田舞さんがお手伝い。地元騎手たちの「お宝グッズ」を求めて、ファンたちの威勢のよい掛け声が飛び交った。オークションの収益は、関係機関を通じ、震災で被災された馬産業に携わる方々に寄付される。

ＪＲＡ関連では、地元出身の寺島良調教師が「キングズガード重賞Ｖ」の記念キャップ（３個）を提供。千円からスタートすると、予想以上の高値で落札され、場内は「熱気モード」に突入。壇上の３騎手からは直筆サイン入りの勝負服、ブーツ、ゴーグルなどが出品された。

騎手リーディングのトップを走る佐藤騎手の勝負服は、やはり1番人気で高値を付けた。東川騎手、吉井騎手もファンとの記念撮影に応じながら、レースで愛用したグッズを惜しみなく手渡していた。重賞勝ち馬のハイジャやグレイトデピュティのゼッケン、笠松出身の安藤勝己元騎手のジョッキーズパンツなども出品され、ファンの掛け声が響いた。この

チャリティーオークションで、勝負服を手にする佐藤友則騎手（右）。東川公則騎手（中央）、吉井友彦騎手

日は佐賀で西日本ダービーも行われ、笠松から参戦したグレイトデピュティ（島崎和也騎手）は4着と健闘した。

一岡浩司さん、高柳誠二さんも出演

菊花賞の予想ステージ（2日目）には、一岡浩司さん（笠松競馬予想屋）、高柳誠二さん（競馬予想博士）が出演した。テレビ番組でも活躍する高柳さんの予想は、◎ダンビュライト（4番人気）、○クリンチャー（10番人気）、▲キセキ（1番人気）。そしてポポカテペトル（13番人気）には注目（◎の上に×）の印が……。

菊花賞のレース結果は、①キセキ②クリンチャー③ポポカテペトルで、3連単55万円の大波乱となった。高柳さんは、▲＝○で馬連の万馬券が的中。さらに、ポポカテペトルも大当たりか。これまで見たこともない不思議な印（◎に×）だったが、実はスタッフが書き間違えたものだった。◎の印を、ダン

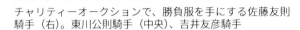

菊花賞の予想を行う一岡浩司さん（中央）と高柳誠二さん（左）

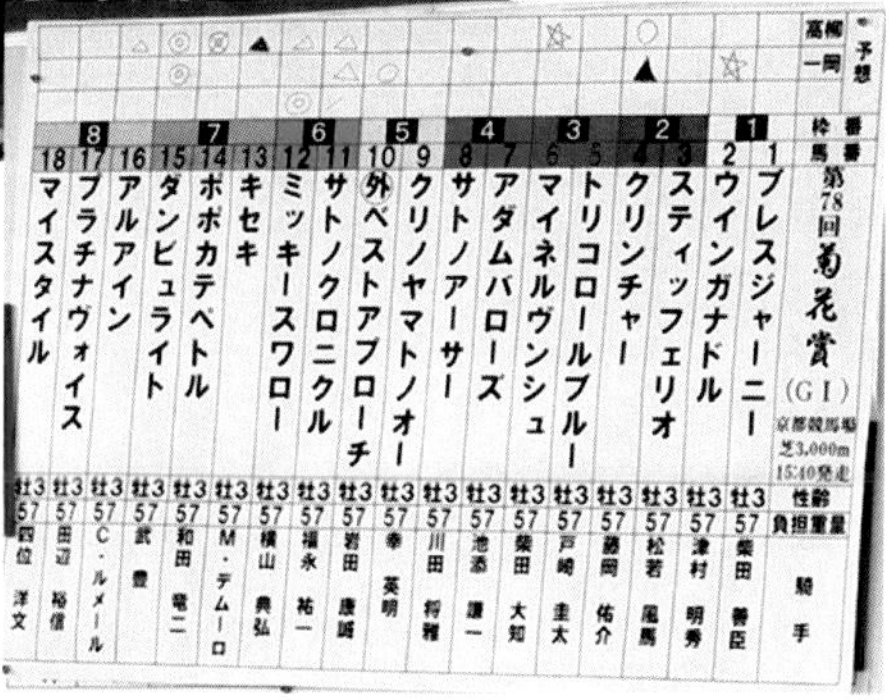

「◎印に×印」のポポカテペトルは３着だった

ビュライトの隣の枠のポポカテペトルに打ち、慌てて×印を打ったものでした。

キセキが勝ち、高柳さんの予想も結果的にはミラクルな印となった。個人的には3連単で勝負し、クリンチャーから手広く買ったつもりが、ポポカテペトルは抜けてしまった。マークカードでも書き損じた馬が、馬券に絡むことはよくあること。この日の印は何かのサインだったのかも。一岡さんもクリンチャーに▲印を付けており、人気の場立ち予想屋としての意地を見せてくれた。

午後からは、ＳＫＥ48のメンバー３人がステージへ（撮影は不可）。笠松競馬場デビューの印象は「独特の雰囲気ですねえ。（内馬場に）お墓もあって、墓参りに来る人もいらっしゃるそうで」と、昭和レトロ感が珍しい様子。「競走馬が走るスピードは？」の質問に「５００キロ」（実際は50～60キロ）と答える一幕もあった。

メンバーのうち、お姉さん的な存在の松村香織さんは、スポーツ紙でもＪＲＡの予想コラムを連載するほどの競馬通。ステージに上がった山下雅之騎手、渡辺竜也騎手らと、トークショーで盛り上げた。山下騎手には「ＪＲＡの池添騎手みたいで、雰囲気がちょっとチャラそう」と突っ込み。渡辺騎手が17歳と聞いて、20代の３人は「若いわねえ」と驚いた様子。それでも初めての地方競馬場に興味を示してくれて、「ＳＫＥ48の冠レースを笠松でやりたいですねえ」と実現に前向きだった。フレッシュな「女子力」で笠松競馬を盛り上げてほしいものだ。

笠松競馬秋まつりでポニーと交流する親子ら

この日初めて笠松競馬場へ来たという追っ掛けファンも多かったが、これを機会に競馬場の雰囲気を味わってもらえればいい。４月から大型ビジョンも設置され、ＪＲＡのレース映像などを楽しむ競馬ファンも多く来場した。場内では、ミニチュアホースとの触れ合いや乗馬体験なども行われ、子どもたちは楽しそうだった。（２０１７・10・27）

オグリキャップと秋の天皇賞（上）〈芦毛対決〉

雨の東京競馬場、秋の天皇賞はキタサンブラック（武豊騎手）が制覇した。このレース、現役時代のオグリキャップはいずれも1番人気で3度挑んだが、悲願の勝利にはあと一歩届かなかった。昭和から平成へと、バブル景気に躍った激動の時代。「芦毛の怪物」と呼ばれた魂の走りを、リアルタイムで体感できたファンの一人として、当時の熱狂ぶりを応援馬券などで振り返ってみた。

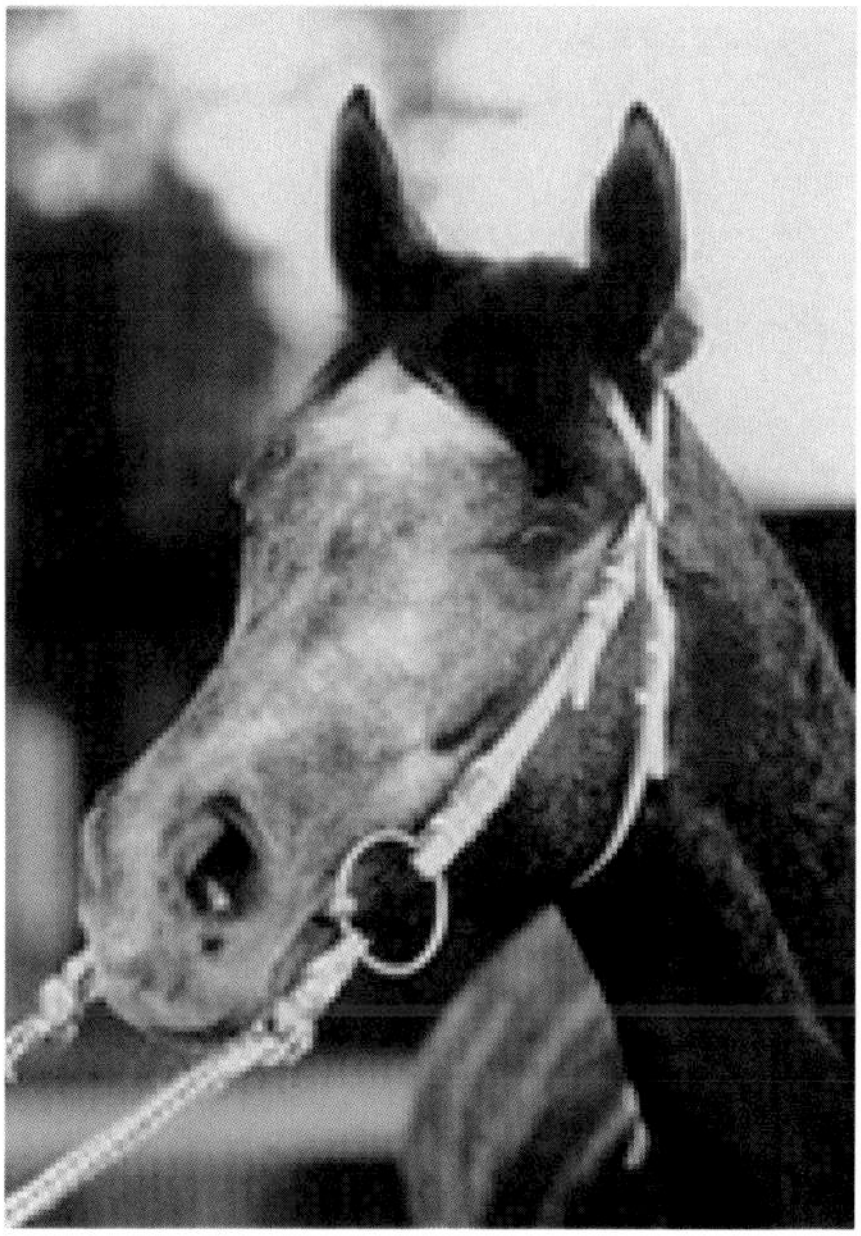

レースでは「ゴール板の位置を知っていた」と言われ、勝負根性を発揮したオグリキャップ

１９８８年10月30日、場外馬券売り場のウインズ名古屋にいた。笠松育ちで、中央デビュー後は破竹の重賞6連勝を飾っていたオグリキャップ。一方、春の天皇賞、宝塚記念とGIを連勝し、7連勝中だったタマモクロス。ともに芦毛で、両馬の一騎打ちは、大相撲の両横綱が千秋楽にぶつかり合う全勝対決のようで、ファンを興奮させた。

野武士・オグリキャップにはクラシックレースへ

の出走登録がなかった。日本ダービーなど3冠レース挑戦はかなわず、あとは古馬相手の天皇賞を制覇し、「現役最強馬」の称号を手にするだけだった。立ちはだかったのが1年先輩のタマモクロスで、「芦毛2頭のどっちが強いのか」。ファンの興味はその1点に絞られていた。

空前の競馬ブーム到来。マスコミは「芦毛対決」と騒ぎ立て、その主役となった若駒オグリキャップは、それまで東京競馬場で2戦2勝。ニュージーランドトロフィー4歳Sを、馬なりで7馬身差の圧勝。毎日王冠でもシリウスシンボリら古馬に完勝。一方、春秋の天皇賞制覇を目指すタマモクロスにとっては、初めての関東での一戦となった。

オグリキャップの単勝に10万円

単枠指定された2頭。タマモクロス（南井克巳騎手）は6枠9番、オグリキャップ（河内洋騎手）は1枠1番を引いた。「オグリは内に包まれて、窮屈な競馬にならないか」とちょっと嫌な感じがしたが、「負けるはずがない」との思いが強かった。

オグリキャップは単勝1番人気の2・1倍で、前日オッズと同じ。タマモクロスは2・6倍で、枠連①−⑥は240円を付けていた。馬単や3連単などなく、単勝・複勝と枠連しかなかった時代。馬券の選択肢は限られていた。2頭以外のオッズは目に入らなかったが、ファン心理としては、単勝にするべきか、枠連にするべきか、微妙な数字だった。

オッズを見つめながら、心は揺れていたが、このレースは「2頭立て」とも言え、最強馬を決める頂上決戦。優勝馬を当てたい衝動に駆られ、「オグリの方が絶対に強いはず」と、単勝1番に思い切って10万円をぶち込んだ。以前、笠松競馬で枠連1点買いの大勝負をして、外れたことがある額だったが、今回はどうだろうか。

レースは、オグリ時代の名脇役レジェンドテイオーが逃げて5馬身リード。追い込み馬のタマモクロ

天皇賞

タマモクロス春秋制覇

オグリ 追い上げ及ばず2着

秋競馬のビッグレース、第九十八回天皇賞は三十日、東京競馬場芝二千㍍コースで約十一万人のファンを集めて13頭が出走して争われ、関西馬の南井克巳騎乗のタマモクロスが1分58秒8で快勝、史上初の天皇賞春秋制覇とG1レース3連勝を果たし、賞金九千五百万円を獲得した。

レジェンドテイオーが飛び出して先行。単勝二番人気のタマモクロスは素早くマークして追走、好位をとり、直線に入ってトップに立って1馬身¼差をつけて勝った。一番人気の四歳馬オグリキャップは、3コーナーから追い上げて直線では外側からスパートの態勢に入ったものの、及ばず、地方競馬から中央入りして重賞7連勝は成らなかった。3着には逃げたレジェンドテイオーが残った。連勝複式は①―⑥二百四十円の配当。

同レースの投票券売り上げは、百六十六億四千八百三十四万五千四百円のレコード。

タマモクロスは五歳牡馬、北海道新冠町、錦野牧場生産、馬主はタマモ株式会社。父シービークロス、母グリーンシャトー。戦績は16戦9勝、主な勝利は今春の天皇賞、宝塚記念で、G1レース3連勝を含め8連勝中。総収得賞金四億一千四百五十三万六千八百円。

小原伊佐美調教師、南井騎手は今春に次いで二度目の天皇賞勝利。

▽第10天皇賞（秋）オープンG1二千㍍（13頭）①タマモクロス（58南井）1分58秒8②オグリキャップ（56河内）1馬身¼③レジェンドテイオー（58郷原）3馬身④ダイナアクトレス（56岡部）首⑤ランニングフリー（58菅原泰）1馬身¼

単260 複130 110 370 連複①―⑥240

史上初の春秋の天皇賞を制覇したタマモクロス（左）。右は2着のオグリキャップ＝東京競馬場

天皇賞でタマモクロスが史上初の春秋制覇を達成。オグリキャップは追い上げ及ばず2着だった（1988年10月31日付岐阜新聞から）

スだったが、「オグリの末脚にはかなわないかも」と感じたのか、南井騎手は2番手からの先行策を選択。タマモクロスを見るように7、8番手から追ったオグリキャップは、最後の長い直線で末脚の爆発力に全てを懸けた。

芦毛の先輩タマモクロスが意地

坂を駆け上がって残り300メートルで先頭に躍り出たタマモクロスとは、まだ3馬身の差があったが、2頭のマッチレースに。エンジン全開となったオグリキャップ。あとは「差し切ってくれ」と祈ったが、ラスト100メートルからの2頭の脚色はほぼ同じ。「追ったが、差は詰まらない、届かない」。1馬身4分の1及ばずのゴール。芦毛の先輩タマモクロスが意地を見せて、史上初の春秋天皇賞制覇の偉業を

成し遂げた。

「中央競馬でオグリに初めての土」。馬券も外れて悔しさは募ったが、気迫を前面に押し出す力強い走りは見せてくれた。最後はきっちりと差し切る勝負根性から、「オグリはゴール板の位置を知っていた」と言われたほどだったが、「僕より先にゴールを駆け抜けるすごい馬がいたんだ」。人馬もファンも、タマモクロスの強さに脱帽するしかなかった。芦毛対決の2頭は最高のパフォーマンスを見せてくれ、永遠に語り継がれることだろう。

（2017・11・3）

笠松競馬場に里帰り。白くなったオグリキャップ

オグリキャップと秋の天皇賞（下）〈４強対決〉

１９８９年10月29日、東京競馬場にいた。秋の天皇賞、オグリキャップが笠松から中央に移籍し初めてのライブ観戦となった。菊花賞馬スーパークリーク、春の天皇賞と宝塚記念を制したイナリワン、日本ダービー2着馬メジロアルダンとの4強対決と騒がれ、オグリキャップが1番人気になった。

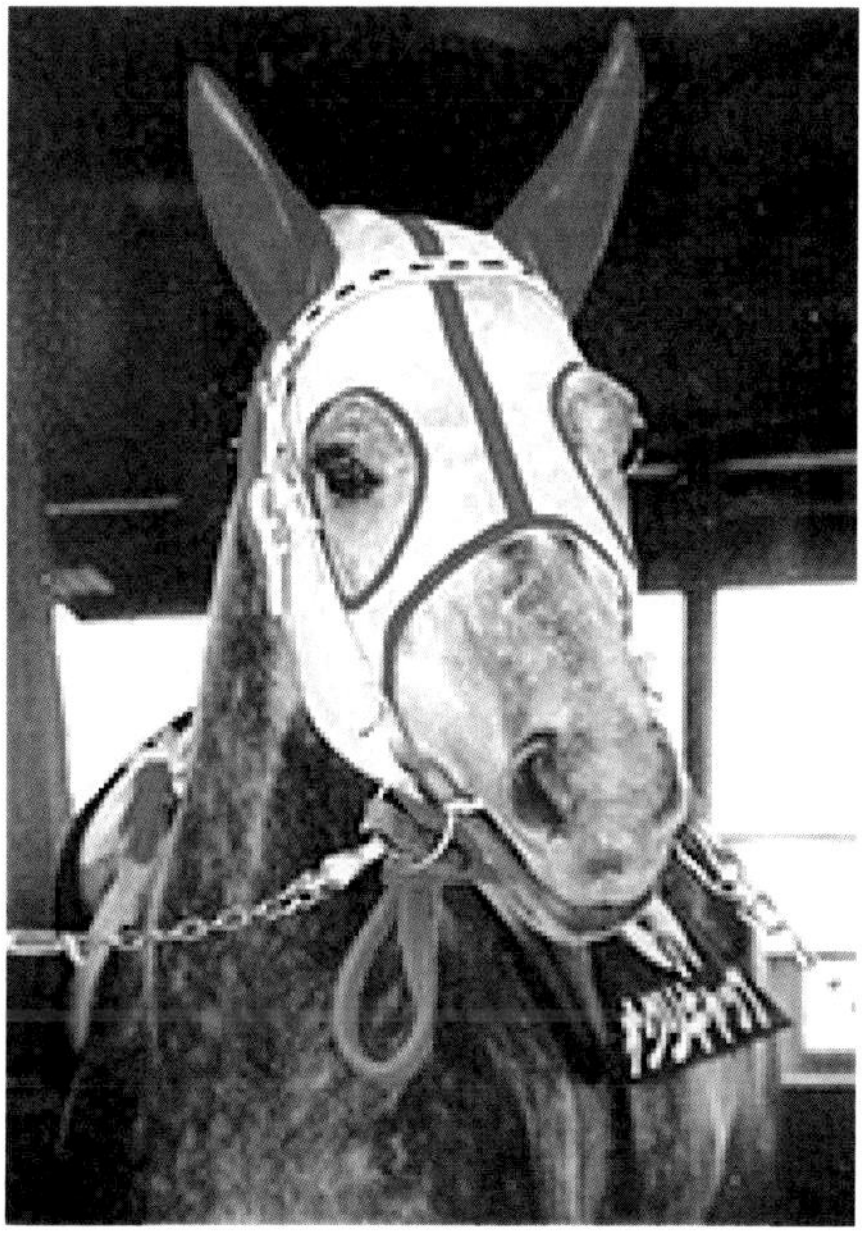

現役時代のオグリキャップ。秋の天皇賞では2着が続いた

バブル景気の真っただ中。東京競馬場の入場門を入って驚いた。いま思い起こすと不思議な光景だった。当時はまだ中央競馬にも場立ちの予想屋が存在していた。出走表を掲示したボードの脇には、1万円札が1枚ずつ何と40枚ほど張られているではないか。

しばらく立ち止まって聞いていると、どうやら午前のレースで予想が的中し、そのご祝儀があったようだ。例えば、枠連4倍の本命馬券を１００万円購入したとして、当たれば４００万円になる勘定。株や土地だけでなく、競馬も投資対象にしたような「バブル紳士」の札束が舞い、もうけの1割程度がご祝儀として振る舞われたのだろうか。

15万人、ぬいぐるみ人気で女性ファンも

第100回記念を迎えた天皇賞は距離2000メートルで、オグリキャップ陣営がもっとも勝ちたかったレース。パドック周回では気迫がみなぎり、2人引きでも抑え切れないほどの動き。仕上がりは最高の出来にあり、「オグリキャップ」の横断幕の数が一番多い。ぬいぐるみ人気にも火が付いて、最前列には女性ファンが大勢詰め掛けていた。

さて、応援馬券を買わなくては。ネット投票もマークカードもない時代で、投票用紙に買い目と金額を手書きして、窓口のおばちゃんに手渡して買った。前走・毎日王冠ではイナリワンが強襲。「オグリは負けたかな」と思ったが、ハナ差で差し返していた。単勝の10万円勝負は140円の配当だったが運良くゲットでき、天皇賞でも大口勝負。オグリキャップだけが単枠指定で単勝1・9倍と抜けた存在。スーパークリークが4・5倍で続いた。

レースを見ようとメインスタンドに向かったが、秋晴れの東京競馬場内は約15万人のファンで超満員。すさまじい熱気だった。既にスタンドへの出入り口も身動きできないほど、びっしりと埋まっていた。「ここまで来たからには、生で観戦しなくては」。コンクリート壁の上によじ登っているファンもいて、同じような位置から必死になって観戦。よく見ることができた。

「オグリよ、南井よ、どうしたんだ」

各馬がゲートインし、レジェンドテイオーが先行。南井克巳騎手が騎乗したオグリキャップは、中団7番手から4コーナーを回った。「末脚を爆発させてくれ」と願ったが、勝負どころで皐月賞馬ヤエノムテキが壁になって抜け出せない。一瞬、凍り付いた。「オグリよ、南井よ、どうしたんだ」。残り

400メートルを過ぎて、馬体を大きく外へ持ち出したのが見えたが、一度スピードを緩めたロスは痛過ぎた。

天皇賞

武豊が「春秋」連覇

スーパークリーク快勝

秋競馬のビッグレース、第百回天皇賞は二十九日、約十五万人のファンを集めた東京競馬場の二千㍍芝コースに14頭が出走して争われ、武豊騎乗の関西馬スーパークリークが1分59秒1で快勝、賞金一億三百万円を獲得した。武騎手は今春の天皇賞をイナリワンで制しており、史上五人目の天皇賞春秋連覇を達成した。

レースはレジェンドテイオーが先行。単勝二番人気のスーパークリークは三番手を追走。直線のたたき合いではメジロアルダンを振り切り、大外から追い上げた一番人気のオグリキャップを首差しのいで勝った。連勝複式は③―⑧で四百十円の配当。

同レースの投票券売り上げは、二百五十億一千三百万七千五百円のレコードとなった。

スーパークリークは五歳牡馬。

オグリキャップ（4）の追い上げをかわし天皇賞を制したスーパークリーク（14）。3位はメジロアルダン（5）＝東京競馬場

オグリキャップの追い上げをかわし、秋の天皇賞を制したスーパークリーク（1989年10月30日付岐阜新聞から）

ゴール前200メートルから強烈な追い込みを見せ、スーパークリーク（武豊騎手）をクビ差まで追い詰めたが、届かなかった。脚を余してのゴールだった。スーパークリークは、オグリキャップとメジロアルダン（岡部幸雄騎手）を振り切って1着でゴール。イナリワンで春の天皇賞を制していた武豊騎手は、春秋連覇を達成。オグリを破って、ガッツポーズで喜びを爆発させた。

負けてなお強し。オグリキャップの脚質からして、4コーナーから大外を選択していたら、間違いなく勝っていただろう。「前をカットされたのが痛かった。あれさえなければ」と悔しがった南井騎手だったが、その後のマイルCS優勝、ジャパンカップ2着と、ファンを感動させる連闘

1990年の秋の天皇賞とジャパンカップでオグリキャップに騎乗した増沢末夫騎手

劇を演じてくれた。
　またも2着、オグリ敗戦にはぼうぜん。馬券的には単勝が外れ、枠連を少し押さえただけで完敗だったが、絶頂期にあった「生オグリ」を観戦できて本当に良かった。
　90年秋の天皇賞はテレビ観戦。オグリキャップは脚部不安のため、ぶっつけ本番で挑み、増沢末夫騎手とのコンビになった。70年代競馬ブームの立役者となったハイセイコーに騎乗し、皐月賞と宝塚記念を勝ったベテラン騎手。3、4番手から4コーナーで先頭に立つ積極的なレースを展開。「よし、勝てる」と思った直後、オグリの末脚はなぜか鈍った。ヤエノムテキが勝ち、メジロアルダンが2着。オグリキャップは、初めて掲示板を外す6着に終わり、追い込み馬にとって、先行策は裏目に出た。ジャパンカップも11着に敗れており、やはり増沢騎手は「ハイセイコーの増沢」だったのだろう。

鳥肌が立つような魂の走り

3度の天皇賞挑戦は実を結ばなかったが、「ただ強いとか、いっぱい勝った」といったことだけでない、競走馬の素晴らしさを存分に伝えてくれた。現役時代のオグリキャップを知らない20～30代の競馬ファンも、胸がキュンとなり、鳥肌が立つような魂の走りをぜひ映像で見てほしい。

中央時代のオグリキャップを育てた元調教師の瀬戸口勉さんが11月9日、急性白血病で亡くなられた。81歳だった。熱心な調教で黙々と馬と向き合い、温かいまなざしが印象的だった。有馬記念を2度制覇するなど、オグリキャップを名実ともに「日本一の競走馬」に導いた。「オグリキャップは、ゲートに入る前には武者震いをして気合を入れていたのだろう。ラストランを飾って、無事に引退させられて、うれしかった」と名馬との出会いを喜んでいた。数々の名勝負をありがとう。（2017・11・11）

引退後、北海道の牧場でのんびりと過ごすオグリキャップ

ラブミーチャン記念、笠松勢ワンツー

11月の笠松競馬は、地方全国交流重賞のラブミーチャン記念、笠松グランプリを開催。まずは、北海道から移籍してきた2頭の笠松勢が、痛快なワンツーフィニッシュを決めてくれた。

2歳牝馬による第4回ラブミーチャン記念（1600メートル、SPI）は、佐藤友則騎手が騎乗した2番人気チェゴ（井上孝彦厩舎）が2番手から差し切った。向山牧騎手のバレンティーノ（尾島徹厩舎）が、2馬身半差の2着に突っ込んだ。ともに門別の新馬戦でJRA認定勝ちを収めた素質馬。その後は伸び悩んでいたが、笠松の名門、若手厩舎の「再生工場」で鍛えられて、潜在能力を開花させてくれそうだ。

笠松デビュー戦を勝ったチェゴはスクリーンヒー

ラブミーチャン記念をチェゴ（9）で勝った佐藤友則騎手。
高知の赤岡修次騎手（左）らと腕を競った

ロー産駒。先行力を生かせる笠松の馬場が合ったようで、いきなりの重賞制覇となった。レース名がプリンセス特別からラブミーチャン記念になってから、笠松勢の勝利は初めてで、佐藤騎手も初制覇。歴代の優勝馬はジュエルクイーン（北海道）、ミスミランダー（同）、ヤマミダンス（金沢）で、その後の活躍が目覚ましい。チェゴも出世馬として飛躍が期待できそうだ。

勝利インタビューで佐藤騎手は「きょうは勝てると思っていた。調教からここ目標で、手の内に入れていた。スタートはあまり良くなかったが、前を行くエグジビッツを見ながら競馬ができた。（直線で先頭に立ってからも）馬に遊ばれないようにした」と、単勝1・4倍の人気馬を4コーナーであっさりとかわして、抜け出す強い競馬を振り返った。「入れ込みがきつい面もあるが、ハイジャも担当していた厩務員さんに任せておけば、力を付けてくるので先が楽しみな馬。遠征してもいいところを狙えそう」と手応え十分。リーディング争いでも「気を抜かずに頑張ります」と意欲を示した。

「この馬は走るはず」と自信たっぷりだった井上調教師も、してやったりの表情。「状態は笠松へ来る前から良かったし、早めに入厩させてじっくりと仕上げ、勝つと思っていた」とにっこり。今後はライデンリーダー記念が目標になるという。

ゴール前で1番人気エグジビッツ（岡部誠騎手）をかわして2着に食い込んだバレンティーノは、鋭い差し脚が武器になりそう。金沢シンデレラカップを制したエグジビッツは先手を奪ったが3着に敗れた。終わってみれば、門別デビュー組が上位3着を占め、レベルの高さを示した。近年、中央競馬でも通用する強い馬が増えてきたホッカイドウ競馬だが、道営記念も終わって4月中旬まで開催休止となる。北の大地から馬運車に揺られて笠松へもどんどん来てもらい、新たな活躍の場として勝利を飾ってほしい。

笠松生え抜き馬では、マーメイドモアナ（東川公則騎手）に注目した。馬体重383キロと軽量だが、頑張り屋で5着に踏ん張ってくれた。3000勝超えの名手・赤岡修次騎手（高知）も参戦してくれて、大井のアクアレジーナに騎乗したが6着に終わった。

優勝したチェゴと佐藤友則騎手（左）、井上孝彦調教師（右）ら

「ロジータふたたび」を合言葉に

川崎で行われたロジータ記念には、笠松3歳馬のアペリラルビー（栗本陽一厩舎）が挑戦。吉原寛人騎手（金沢）が手綱を取り、14頭立ての最後方から追い込んで6着と健闘した。レース名になったロジータは、2016年12月に亡くなっていたことが判明。地方競馬の牝馬重賞シリーズ「グランダム・ジャパン」が、「ロジータふたたび」を合言葉に毎年開かれている。ラブミーチャン記念も2歳シーズンの一戦として開催され、3着に入ったエグジビッツはポイントを加算して2歳馬の単独トップに立った（最終結果は優勝）。

現役時代のロジータは、1989年にオグリキャップとも対戦している。当時、地方馬が中央に参戦できたのは2レースのみ。ロジータはオールカマー（オグリ1着）で5着、ジャパンカップ（オグリ2着）では13着に敗れたが、地方馬として存在感を示した。引退レースの川崎記念では単勝1・0倍で圧勝し、ファンの多い名馬だった。

名古屋では、東海菊花賞が行われ、カツゲキキトキト（大畑雅章騎手）が直線で抜け出して圧勝。岐阜金賞制覇で東海3冠を達成したドリームズラインには、東川公則騎手（笠松）が騎乗したが8着に敗れた。古馬との実力差はまだ大きく、今後の成長が期待される。

名古屋のレースを連勝したカツゲキキトキトだが、地方・中央交流のダートグレード競走では、白山大賞典の2着が最高で、まだ勝利がない。ラブミーチャンはGIを含めて5勝を挙げた名牝だったが、改めてその偉大さを再認識させられた。カツゲキキトキトには、JBC挑戦を期待していたファンも多かっただけに、レース選択はどうだったか。ラブミーチャンと同じ笠松デビュー馬でもあり、大きな舞台でもっと上を狙える力があるはず。まずは悲願のダートグレード制覇を果たしたい。

（2017・11・17）

2019年にもオグリキャップ記念を制覇し、ファンに雄姿を披露するカツゲキキトキト

笠松グランプリ、ラブバレット3連覇

東北のスターホースは、やはり強かった。第13回笠松グランプリ（SPI、1400メートル）が笠松競馬場で行われ、山本聡哉騎手が騎乗した岩手のラブバレット（牡6歳、菅原勲厩舎）が1番人気に応えて、3連覇を飾った。笠松グランプリの3連覇は、前身の全日本サラブレッドカップ時代を含めて初めての快挙。

山本騎手も「笠松が好きです」と、競馬場のキャッチフレーズのようなコメントを残してくれた。

笠松競馬のビッグレースで、1着賞金は1000万円。全国から地方馬の強豪が参戦し、ジョッキー陣も豪華メンバーで、川原正一（園田）、吉原寛人（金沢）らリーディング経験者が勢ぞろい。下原理（園田）、永森大智（高知）、山本聡哉（岩手）、佐藤友則（笠松）の4人はトップを快走中だ。愛知からは宮下瞳、木之前葵の女性騎手参戦もあり、スタンド前のコー

1着でゴールし、笠松グランプリ3連覇を達成したラブバレット

ス沿いには、カメラを構えたファンがいっぱい。遠くは北海道などからも駆け付け、例年以上の冷え込みを吹き飛ばす熱戦を見守った。

レースは、笠松出身・川原騎手騎乗のトウケイタイガー(園田)が先行。2番手ラブバレットは、3コーナーでトウケイタイガーをかわすと、直線では突き抜けて、2着エイシンヴァラー(園田、下原騎手)に3馬身差の完勝劇。ハナ差の3着にはプリンセスバリュー(大井、吉原騎手)が食い込んだ。トウケイタイガーはゴール前で失速し4着。笠松勢はダイヤモンドダンス(筒井勇介騎手)の5着が最高だった。

山本聡哉騎手「強かったです」

馬券的には「ラブバレットとトウケイタイガーの2強マッチレースか」と、馬連140円とファンの人気を集めたが、その一角が崩れ、3連単は万馬券になった。

ラブバレットを優勝に導いた山本聡哉騎手。2010年には約2カ月間、笠松で期間限定騎乗して8勝を挙げた。勝利インタビューでは「強かったです。3連覇を達成でき、とてもうれしい。名古屋・かきつばた記念ではトウケイタイガーに負けたが、コース適性から勝てると。ラブバレットの反応が良過ぎて、早めに先頭に立ってしまい、ちょっと格好悪いなあとも。直線半ばでは気を抜かずに追った」と余裕の表情。

「馬自身がレースに気持ちを合わせてくれ、きょうは楽でした。ほぼベスト体重で『よしっ』と思ったし、厩務員さん(女性)がよく仕上げてくれた。笠松や岩手のファンにも強い姿を見せることができて良かった」。8月の交流重賞・クラスターカップ(盛岡)では悔しい2着だったが、「この馬でダートグレード競走を取りたい」と悲願達成に燃える。

菅原調教師も「3連覇が懸かった目標のレースで、勝ててうれしい。盛岡・絆カップ（2着）を使った後も馬の状態に自信があった。思った以上に強い競

優勝したラブバレットに乗ってガッツポーズを見せる
山本聡哉騎手と関係者

馬で、いつもよりも安心して見ていられた」と満足そう。「スピードが要求される笠松の馬場が合っていて、ここに来るといつも以上の競馬ができる。JRAの馬相手でも、毎回見せ場をつくっており、そこそこの競馬ができる」と、次走は年末の園田ゴールドトロフィー（JpnⅢ）を予定している。

菅原調教師、騎手時代から笠松で不敗

菅原調教師といえば、騎手時代の1999年に岩手のメイセイオペラでJRAのGⅠ・フェブラリーSを制覇しており、地方騎手、地方所属馬としては唯一の勲章。2008年に笠松で行われたスーパージョッキーズトライアルでは2レースを連勝し、大井での2戦を含めて総合優勝を飾った。本戦となったワールドスーパージョッキーズでも勝利を挙げた（総合8位）。

騎手、調教師として参戦した笠松のレースでは、負け知らずの全勝という菅原調教師。笠松コースと

の相性の良さが際立っており、17年の笠松グランプリも余裕の勝利で「不敗神話」は生きていた。中央への挑戦を続ける笠松競馬関係者にとっては、「地方競馬のレジェンド」でもある菅原調教師は憧れの存在といえる。

2008年、菅原勲騎手が笠松でのスーパージョッキーズトライアルに参戦。芦毛馬ホウヨウターニングに騎乗し、見事1着でゴールした

競走馬では、岩手・盛岡でデビューしたトウホクビジンというタフな牝馬がいた。笠松に移籍し、酷使に耐えながらも重賞出走回数130回という日本記録をマークし、「鉄の女」とも呼ばれた。11年に東日本大震災復興祈念の絆カップが盛岡競馬場で創設され、12年には、佐藤友則騎手が騎乗したトウホクビジンが、豪脚を発揮して優勝を飾った。毎年のように岩手に遠征し、東北にもファンが多い名牝だった。

13年にはラブミーチャンも盛岡に遠征し、クラスターカップで優勝し、このレースがラストランとなった。震災復興や競馬場の存続問題では、寄せ書きなどでもお互い励まし合い、支援を続けてきた笠松競馬と岩手競馬。ラブバレットは、次回の笠松グランプリにも4連覇を目指して来てくれそうだ。これからも人馬の交流などで、笠松・岩手の絆をさらに深めて、地方競馬を盛り上げていけるといい。

（2017・11・24）

渡辺騎手ファイナル進出、菜七子騎手らと対戦

笠松発の新たなサクセスストーリー。「中央突破で全国制覇」の野望に燃える17歳若武者の挑戦が、最終決戦を迎える。

地方騎手トップの成績で「ヤングジョッキーズシリーズ」ファイナルラウンドに挑む渡辺竜也騎手

笠松競馬で4月にデビューした新人・渡辺竜也騎手が、12月27日に大井競馬場、28日に中山競馬場で行われる「ヤングジョッキーズシリーズ」ファイナルラウンドの出場切符をゲット。地方、JRAの代表騎手14人のうち最年少のファイナリストで、「初代王者」の座を目指して夢舞台にチャレンジする。

トライアルラウンドが4月から11月まで、笠松、南関東など全国11カ所の地方競馬場で行われ、JRA代表騎手7人と地方競馬代表騎手7人が決まった。17〜23歳と超フレッシュな顔触れで、JRAからは藤田菜七子騎手（美浦）らが進出した。

5月の笠松ラウンド初戦、渡辺騎手は4番人気フジノシラユキで競り勝ち、好ダッシュ。金沢ラウンド初戦でも勝利を挙げて、西日本地区（地方騎手）

を1位通過。地方全体(24人)でもトップの成績で、新人ではただ一人ファイナル進出を決めた。加藤聡一騎手(愛知)が2位、栗原大河騎手(金沢)が3位で進出。東海、北陸地区の3人が上位を独占し、若手ジョッキーのレベルの高さを示した。

渡辺騎手は「ホッとしていますし、素直にうれしいです。ファイナルでも優勝を目指して頑張りたい。どの馬に当たっても、一生懸命に一つでも上の着順を狙う」と力強く喜びの声。千葉県船橋市の出身だが、中山競馬場にはまだ行ったことがなく、大井へは地方競馬教養センター時代の見学で1度だけ訪れたことがあるという。ファイナルまでに笠松開催もあり、「騎乗技術を向上させて、体調を管理して万全の状態で挑みたい」と頂点へ闘志を燃やしている。

JRA東日本地区をトップ通過した藤田菜七子騎手

JRA勢のエース的存在

JRA東日本地区を1位通過したのは菜七子ジョッキー。1勝を含め全て5着以内の好成績で「年齢が近い人が多いので、いつも以上に負けたくないという気持ちで臨んだ。(ファイナリストになって)本当にうれしいですし、しっかり乗って優勝を目指したい」と菜七子スマイル。10月末には斜行による進路妨害で初めての騎乗停止処分を受けたが、復帰初日にJRA女性騎手の年間最多勝記録を更新する

13勝目を挙げた。3年連続リーディングの戸崎圭太騎手に競り勝った勝負根性は素晴らしかった。ファイナルではJRA勢のエース的存在でファンの熱視線を浴びることだろう。

菜七子フィーバーは相変わらずで、中央は全競馬場で騎乗。「地方競馬も全場へ行きたい」ということなら、笠松にもそろそろ参戦してほしいが、なかなか良い返事がもらえてないようで、いつになることやら……。馬主サイドの強い後押しが必要になるが、もし実現するなら、ファンサービスのためにも、狭いウイナーズサークルを拡張するなどの施設改修策も必要か。

ファイナルラウンド進出者は次の通り。

☆地方競馬代表騎手

【西日本】渡辺竜也（笠松）、加藤聡一（愛知）、栗原大河（金沢）

【東日本】臼井健太郎（船橋）、鈴木祐（岩手）、保園翔也（浦和）、中越琉世（川崎）

☆JRA代表騎手

【西日本】森裕太朗、岩崎翼、小崎綾也、荻野極（栗東）

【東日本】藤田菜七子、菊沢一樹、木幡育也（美浦）

名前と顔を覚えてもらうチャンス

JRA勢ではトライアル3勝で全体のトップ通過を果たした森裕太朗騎手が脅威の存在。笠松でも勝利を飾っている成長株の荻野極騎手や、19歳新人の木幡育也騎手もファイナルに滑り込み、注目される（木幡育也騎手は横山武史騎手に騎乗変更）。

デビューして8カ月の渡辺騎手は、笠松では同じ厩舎の藤原幹生騎手やリーディングの佐藤友則騎手ら、目標とする先輩騎手から騎乗技術を学び、勝ち星を33勝（名古屋、金沢各1勝含む）まで伸ばした。スタートが得意で、出遅れもほとんどないが、「まだレースの流れが読めていないことがある」「勝つことにもっと執念を燃やせ」といった声もある。

有馬記念の4日後、新設されたGI「ホープフルS」の前に行われるヤングジョッキーズシリーズの最終戦。全国の競馬ファンに名前と顔を覚えてもらう絶好のチャンスでもある。渡辺騎手にとっては初めてとなる芝コース（中山）も待ち受けており、厳しい戦いになるだろうが、JRA勢に気後れすることなく果敢に攻めたい。

まずは大井の初戦でスタートダッシュを決めて、波に乗りたい。1人でちょっと心細いかもしれないが、地元の家族や笠松の先輩騎手、ファンたちが背中を押して応援してくれるから大丈夫。オグリキャップがラストランを飾った中山には、きっと「笠松魂」が宿っているはず。広々とした競馬場で思い切った騎乗をして「V字」の勝負服通り、天下取りに挑んでほしい。

（2017・12・3）

笠松ラウンドでいきなり勝利を飾った渡辺竜也騎手。ファイナルではどんな活躍を見せるか

「騎手力」大きい地方競馬

「人馬一体」とは言うが、地方競馬ではやはり、騎手の力が大きいようだ。中央競馬では「競走馬7、騎手3」といった力関係が、地方競馬では「競走馬6、騎手4」にもなると聞いたことがある。

もちろん、競走馬のスピードや差し脚の威力など絶対的な能力の違いはあるだろうが、同じようなレベルの馬に騎乗した場合、騎手の手腕によって、着順も大きく変わってくるということだ。

笠松でかつて、絶対的エースと若手との「騎手力の差」を実感したことがあった。1999年にデビューしたクラボクモン（岩崎幸紀厩舎）というアラブのオープン馬がいた。デビュー戦以来、坂井薫人騎手が騎乗し、2年目までに9勝を挙げる好成績。中京スポーツ杯優勝、オグリオー記念では2着だっ

スタートダッシュだ、出遅れるな。ゲートオープンとともに一斉に飛び出す競走馬。先行激化の笠松競馬で、騎手たちが手綱さばきを競う

ライデンリーダーなど数々の名馬に騎乗した安藤勝己騎手

た。若手では非常に乗れていたジョッキーと、末脚堅実な期待馬とのコンビ。人馬ともに好きなタイプで応援していた。

１６００メートルから１９００メートルの距離を中心に使われ、坂井騎手で15戦連続3着以内と好走していたが、重賞では勝ち切れないもどかしさがあった。最後の直線では必ず追い上げてくるが、差し届かずに脚を余すケースも目立った。

アンカツさん騎乗、タイム1秒違う

２００1年、クラボクモンは3着が3回続いた後、安藤勝己騎手に乗り替わると一変した走りを見せた。東海グローリから名古屋の2戦まで4連勝。特に印象深かったのは、2戦目のアラブチャンピオン賞。距離１９００メートルで、中団6番手からレースを進め、3コーナー手前の下り坂から早めに追い出すと、4コーナーを回って先頭に立つ勢い。直線では一気に突き抜けて、5馬身ほどの大差でゴールした。

笠松での騎乗方法を知り尽くした名手が「こうやって乗るんだよ」とお手本を示してくれた。笠松リーディングに19回輝き、中央でも勝利を量産していた男の騎手力を思い知らされた。もちろん走るのは競走馬であるが、動かすのは騎手。「馬はレースでは本気で走っていないことも多い」と聞くが、開催日ごとに違う馬場の特性、レース展開を読み、勝負どころで馬を本気にさせる手腕はさすがだった。

名手での圧勝劇に「ジョッキーの腕次第で、タイムが1秒は違う」と感じたものだ。当時41歳の安藤勝己騎手。JRAに移籍する2年前のことだった。

坂井騎手は01年には笠松で69勝を挙げるなど若手の成長株だった。海外競馬（シンガポール）にも積極参戦していたが、地元での騎乗機会は減って03年に笠松競馬を引退。「体重管理の問題などがあって」と関係者から聞いて、とても残念だった。騎手引退後も競馬関係の仕事は続け、大井競馬の厩務員を務めている。笠松の騎手らとの親交も続いているようだ。兄は大井の坂井英光騎手（現調教師、JRA・坂井瑠星騎手の父）である。

体重管理は騎手の大切な仕事

騎手という職業は、ボクサーと同じで減量が厳しく、好きな物も食べられない苦しみもある。笠松競馬では体重52キロがほぼ上限のようだ。安藤勝己騎手も引退前は太めとなり、ウエートコントロールにかなり苦労していたと聞く。若くても、仕方がなく現役生活に別れを告げる者も多く、体重管理は騎手の大切な仕事の一つである。

減量については、太らない体質の騎手もいて、個人差が大きい。トップジョッキーの東川公則騎手は「普段はお酒は飲まないで、温かい緑茶が多い。米は食べなくて野菜中心で、体重は増えないです」と話していたが、節制ぶりを見習いたいものだ。

名古屋グランプリ（ＪｐｎⅡ）では、1番人気カ

名古屋グランプリで大畑雅章騎手が騎乗したカツゲキキトキトは
３着に終わった

ツゲキキトキト（大畑雅章騎手）のダートグレード初制覇が期待されたが、2年続けて惜しくも3着に終わった。２番手から4コーナーで先頭に立つ思い通りの展開となったが、前々走で中央重賞・シリウスＳ（ＧⅢ）を制したメイショウスミトモ（古川吉洋騎手）の鋭い差し脚に屈した。

　予想各紙には本命の印が並び、ファンの期待も充満していたが、中央馬相手では、もう一つ足りないようだ。同じ２５００メートルでオグリキャップ記念を逃げ切ったように、先手を奪う競馬も面白いのではないか。厩舎後輩・木之前葵騎手とのコンビもまた見てみたい。全国的にもファンが非常に多く、笠松出身馬でもある。悲願達成まで何度でも挑戦してほしい。

（２０１７・12・６）

ゴールドドリームが飛んできた

3連単が的中したかと思ったら、大外から1頭が飛んできた。中京競馬場で行われたGI・チャンピオンズカップは、ライアン・ムーア騎手（英国）が騎乗した8番人気ゴールドドリーム（牡4歳）が、豪快な差し切りVを決めた。

ダートGI単独トップの11勝目を狙うコパノリッキーが逃げて、テイエムジンソクが追う展開。後方4、5番手からレースを進めたゴールドドリーム。ムーア騎手が仕掛けると豪脚がさく裂。ゴール前で2頭を一気に抜き去った。晴天に恵まれた競馬場に「黄金の脚」が輝き、フェブラリーSとのJRAダート2冠の夢をかなえた。

異次元の走りを引き出した世界トップジョッキーの手腕に脱帽である。ウイニングランでは軽いガッツポーズで、ファンの声援に応えたムーア騎手。気性が激しく、闘志をむき出しにする暴れ馬タイプを、気持ち良く走らせた。「追い出せば、直線伸びると分かっていたし、反応がすごく良かった。ダートでは、ゆっくりギアを上げる馬が多いが、ゴールドドリームは切れる馬で、最高の出来だった」と、勝利の余韻に浸った。

平田修調教師は「GI馬にはどうかと思ったが、ゲートに縛りつけて、出遅れ癖の解消に努めた」とハードな調教過程を明かした。この馬としてはスタートが良く、「ムーア騎手が慌てずにじっくり乗り、4コーナーで外へ持ち出し、これなら来るなと感じた」と世界の名手の手綱さばきを絶賛。「これでダート王ですね」という声には「地方の競馬場ではち

チャンピオンズCのゴール前、豪快に差し切ったゴールドドリーム。
２着テイエムジンソク、３着コパノリッキーと続いた

ょっと足りないのが課題」と、さらなる成長を期待。次走のフェブラリーSでは連覇を目指す。

ＧＩのパドックは華やかで独特の雰囲気があり、出走馬のピカピカした美しい馬体の審査もあった。この日、競馬場に着いてまず購入したのが、岐阜にも縁があるコパノリッキーとキングズガードの単複「がんばれ馬券」。これまでも当たり馬券でお世話になったことがあり、勝負馬券は手広く買った。

コパノリッキーGI初Vは94万円馬券

コパノリッキーのＧＩ初制覇は、大波乱となった２０１４年のフェブラリーＳ。最低16番人気だったが、田辺裕信騎手の好騎乗で栄冠をさらった。ベルシャザールとホッコータルマエの１、２番人気から2頭軸で総流しした3連単が的中、まさかの94万円馬券となった。こんなことが何年かに1度あるから競馬は面白い。

コパノリッキーの馬主は小林祥晃さんで、笠松の

名馬ラブミーチャンの馬主でもあった。ラブミーチャンには、コパノリッキーの父ゴールドアリュールが種付けされ、長男と次男が誕生した。キングズガードは、岐阜県出身の寺島良調教師が管理し、中京・プロキオンSで重賞初制覇。盛岡・南部杯ではコパノリッキーが勝ち、キングズガードも3着に食い込んで、3連単12万馬券をがっつりと頂くことができた。

そんなことで、チャンピオンズCでは「コパノリッキーの大逃げ、キングズガードの大まくり」を期待。馬連でも2万馬券だったが、結果はコパノリッキーが長い直線で逃げ切れずに3着、キングズガードは最後方から差し届かずに8着に終わった。

それでも見せ場たっぷり。キングズガードのラス

寺島良厩舎のキングズガードに騎乗した藤岡康太騎手と厩舎スタッフ

コパノリッキーには田辺裕信騎手が騎乗。華麗なる逃げを見せた

ト600は、中京ダート1800の最速タイムとなる35・1秒。前残りの展開に泣いたが、優勝馬とは0秒5差と健闘。馬券は3連複、ワイドが少々当たったが（がんばれ馬券の複勝も）、結果は「取っても損」のトリガミだった。ゴールドドリームが来なかったら、3連単や馬連も当たっていたのだが……。

キングズガードの藤岡康太騎手は「思った以上に前に行きたがり、前半で力んでしまった」と。コパノリッキーの田辺騎手は「リズム良く走れたし、最後までよく踏ん張ってくれた」とねぎらい、12月29日の東京大賞典（大井）がラストランとなる。

中京新記録、3連単2000万円超

この日の中京ではGIレース以上に場内がどよめいた瞬間があった。「出たー、2000万円」。7Rで木幡初也騎手が特大ホームランをかっ飛ばしたのだ。15番人気ディスカバーが勝ち、2着に6番人気、3着に14番人気の馬が入る大波乱。3連単「2294万6150円」はJRA歴代3位で、中京の新記録。3連複でも「550万8830円」とJRA2位、ワイド「12万9000円」はJRA1

3連単2200万円超の高配当も飛び出した中京競馬

馬体ピカピカ。チャンピオンズCのパドックでは、最も美しく手入れされた馬を担当する厩務員を表彰する「ベストターンドアウト賞」の審査も行われ、グレンツェント（馬名＝輝かしい）の田辺邦彦厩務員が受賞した

位だった。超高額の払戻金が発表されると、場内から「うわー」とか「すごーい」といった驚きの声が上がったようで、一時騒然となった。記念に払戻金の画面を撮影しているファンもおり、「自分でもびっくり。（馬券を当てた人に）貢献できたのなら良かったです」と1着の木幡初也騎手。３連単の的中票数はわずか3票だった。そうかと思えば、中山８Rのレース中継では隣にいたおじさんが1番人気の「15番」を大声で連呼。複勝20万円の大口勝負は、大接戦の末、何とか2着を確保。こちらは１３０円と低配当だったが「単勝にしなくて良かった」とホッと一息。

寒風が吹き抜ける師走の競馬場。どこか殺伐とした空気が漂うが、さまざまな競馬ファンの思いが渦巻き、インターネット投票では味わえないライブの熱気もムンムン。帰り道、「２０００万円取った人がいたんだねえ」という、女性ファンのうらやましそうな声も聞こえてきた。

（２０１７・12・9）

ファイナル、渡辺騎手健闘8位

最終決戦となった大井、中山競馬場の大舞台で、いい夢を見させてもらった。

笠松競馬でデビューして1年目の17歳・渡辺竜也騎手が「第1回ヤングジョッキーズシリーズ（YJS）」ファイナルラウンド（12月27、28日）の計4レースに出場。騎乗馬は、いずれも単勝50倍以上の人気のない馬ばかりだったが、初めての芝コース騎乗となった中山では3着に食い込んだ。3戦目を終えて4位につけて「表彰台」のチャンスがあった。最後は力尽きる形となったが、総合8位（34ポイント）と健闘した。

大井の出場騎手紹介式では、武豊騎手と的場文男騎手が「伸び伸びと力を発揮し、優勝を目指して頑張って」と映像で応援メッセージ。2日間の熱戦の末、総合V争いは大混戦。船橋所属の臼井健太郎騎手が合計52ポイントで逃げ切り、初代チャンピオンに輝いた。1ポイント差で岩崎翼騎手（JRA）が2位、

12番人気のフォーワンタイキに騎乗し、3着に入った渡辺竜也騎手　中山競馬場

森裕太朗騎手（ＪＲＡ）が3位。愛知の加藤聡一騎手は10位、金沢の栗原大河騎手は14位に終わった。

ファイナルは、全国の地方競馬場で行われたトライアルラウンドを突破した地方、ＪＲＡの若手騎手7人ずつが腕を競った。渡辺騎手は笠松、金沢での4戦で計2勝を挙げて、地方騎手全体のトップで通過。ファイナルでは騎乗馬に恵まれず、厳しい戦いが予想されたが、穴馬を上位に突っ込ませるなど活躍が目立った。

中山初戦の芝コース、一伸びし3着

大井のナイターでは7着、4着と着順を上げて、笠松仕込みの好調さを印象づけた。中山初戦となった芝コースでは、前走15着で12番人気のフォーワンタイキに騎乗。「おしまいは伸びてくる馬で、指示通りに脚をためて直線に懸けた」の言葉通り、最後にグイッと一伸びし、展開がうまくはまった。3着と馬券圏内（複勝1870円）にも絡み、全国の競馬ファンに名前を覚えてもらえた。

中山での出場騎手紹介式では、渡辺騎手も西日本地区地方騎手を代表して「普段（笠松では）こんなに注目されないですが、頑張ります」と初々しくあいさつ。スタンドのファンたちも、ほほ笑ましそうだった。

中山での乗り方などは、先輩の佐藤友則騎手らに聞いていた。初めての芝コースの感想は「乗りやすくて最高に楽しかった」と、優勝の希望をつないだ最終戦では、騎乗馬を積極的に押し上げたが、最後は馬群に沈んで、しんがりの14着に終わった。「完敗でした。いい位置を取れたが、外を回り過ぎたかな」。この世界、新人騎手にはそんなに甘くはなかった。

戦いを終えてホッと一安心。「騎乗馬は4戦とも脚質（差し馬）が似ていた」。広々とした大井では「直線が長かった。1戦目は、笠松のように3コーナーから早仕掛けになって、じっくりといけなかった（7着）。2戦目は、直線で外に追い出して伸びてくれた（4着）」。中央競馬の中山では「（地方競馬と比べて）直線が長くて、芝コースの最後の坂ではなかなか進まなかったが、追っていて楽しかった。3、4コーナーでの乗り心地は、電車が線路を曲がっていく感じでした（笠松競馬場西を走る名鉄電車を連想？）」と熱戦を振り返った。

「年が近い先輩ばかりでしたが、JRAの騎手にも遠慮せずに乗れ、貴重な経験になった。他の競馬場にも遠征に行きたいが、ダートの方がいい。笠松の砂の質はすごくいいですね」。千葉県船橋市出身で「父母、祖父ら家族や小中学校時代の友達からの声援がうれしかった」とにっこり。

同じ東海勢の加藤聡一騎手は、大井初戦で13着と出遅れたが、「次頑張ります」との宣言通り、2戦目をマルリーコナンで2着。地元先輩の岡部誠騎手が乗っていた馬

大井2戦目で東海勢が活躍。2着の加藤聡一騎手と4着の渡辺竜也騎手(右)

2017年の競馬を振り返る藤田菜七子騎手

で、うれしい好走となった。中山最終戦では6着に終わり、順位を上げられなかったが、「3年目になる2018年はもっと経験を積んで、格好いい競馬をしたいです」と意欲を見せた。

田中将大さんがプレゼンター

表彰式では、ヤンキース（当時）の田中将大さんらがプレゼンターを務めた。「14人の騎手がしのぎを削り、素晴らしいレースを見せていただきました。トップジョッキーを目指して、さらに大きな舞台で活躍してください」と飛躍を期待。優勝した臼井騎手は、最後は4着だったが、「感無量です。まさか優勝できるとは思っていなかったので、びっくりです。大井で最初に勝てたのが良かった。地元に戻って、自分の馬でまた中央に乗りに来たい」と歓喜の表情だった。

ファンの熱い視線を浴びた藤田菜七子騎手（JRA）は7着が最高で、不完全燃焼の13位に終わった。「結果は残念でしたが、同世代との競馬は刺激になりました。昨年よりも成長できた1年でしたが、まだまだなので頑張りたい」と飛躍を誓った。

ジョッキー人生をスタートさせたばかりの渡辺騎手。2年連続リーディング確実の笹野博司調教師のお世話になり、騎乗機会にも恵まれており、笠松競馬を選んで本当に良かった。年末シリーズ前までに地方競馬で35勝を挙げ、今回のヤングジョッキ

優勝した臼井健太郎騎手らが、ヤンキースの田中将大さんから祝福を受けた中山競馬場

ーズでの活躍も認められれば、ＮＡＲグランプリ２０１７の優秀新人騎手賞を受賞する可能性がある。前年は56勝を挙げた加藤騎手が受賞しており、東海勢の若手ジョッキーは頼もしい。金沢ラウンドでは渡辺、加藤騎手のワンツーがあったように勝負強く、ともに将来性豊かだ。

渡辺騎手は、２０１８年もこのシリーズのファイナルに参戦できるよう、笹野調教師や先輩騎手らのアドバイスをよく聞いて、騎乗技術を磨いていきたい。新たな「笠松ドリーム」は始まったばかり。全国のステージでも活躍できる生え抜きのスターホースと出会い、重賞戦線で活躍できるといい。

（２０１７・12・30）

※渡辺竜也騎手は2年目に64勝を挙げ、２０１８優秀新人騎手賞を受賞した。

笠松に新風、移籍の水野騎手3勝

20歳の若武者が、新天地を力強く駆け抜けて新風を吹き込んだ。ホッカイドウ競馬（門別）から笠松競馬に移籍した水野翔騎手が新春シリーズで好スタート。2日目には移籍初勝利を飾るなど1日2勝2着2回の活躍を見せて「あいつ、乗れるなあ」とファンをうならせた。最終日には3勝目も挙げた。

金沢競馬からは、2月までの冬期交流騎手として、19歳・栗原大河騎手と22歳・塚本弘隆騎手の2人が参戦。30代以上のジョッキーが多い笠松だが、17歳・渡辺竜也騎手を含めて20歳前後の若手騎手が4人に増えた。競馬場の雰囲気も若返ったかのようで、スタンドでは応援する若者グループの姿も見られた。金沢からの冬期遠征馬も約30頭参戦。競走馬と騎手不足に泣いていた笠松で1日12レースが組まれ、熱戦を繰り広げた。

初日から同じレースで火花を散らした若手騎手4人に、笠松での目標などを聞いた。水野騎手は神奈川県川崎市出身で、2年連続リーディングの笹野博司厩舎に所属。1年前にも期間限定騎乗で笠松に参戦し、11勝を挙げた。門別での騎乗が11月前半で終わり、「笠松ではレースが一年中開催され、馬にもいっぱい騎乗できるメリットがある。騎手や調教師、厩務員の皆さんによくしていただき、いい競馬場だなあと思って」と、笠松への移籍を決断した。

「競馬場の主催者や厩舎にも『ウエルカム』で快く受け入れていただき、応援してもらえる」と感謝。地元ファンとしても、生きのいい若手騎手が増えることは大歓迎である。

６番人気馬で殊勲星

「今後、笠松のジョッキーとして上を目指していきたい」と意欲。17年70勝を挙げた藤原幹生騎手は

北海道から笠松に移籍し、歓迎セレモニーで笑顔を見せる水野翔騎手

厩舎の先輩。年下の渡辺騎手とも同じ厩舎で、お互いに騎乗技術を磨き合いながら、良いライバルになりそうだ。初日の歓迎セレモニーでは、「仲良くさせてもらって、（笠松での生活に）めっちゃ慣れてきました。精いっぱい頑張ります」と笑顔であいさつ。持ち前の明るさと真新しい勝負服で記念写真のポーズを決めていた。

門別では１日５、６戦だったが、笠松初日には、いきなり８戦騎乗。終盤の10、11Rで２着２回と馬券連対圏に食い込んだが、「２カ月ぶりの実戦で疲れました。10Rはもっと前に行くべきだったし、11Rは３、４コーナーで勝ち馬に並びかけてもよかった。内容には満足していないし、勝ちたかったです」と、勝利への強いこだわりを見せた。

２日目１Rでは、その意気込み通り、６番人気の４歳芦毛馬アイファータキオン（水野善太厩舎）で逃げ切って移籍初勝利。前年全国リーディング２位の岡部誠騎手が騎乗した１番人気馬を破る殊勲星

で、びっくりさせられた。11Rでは「勝利をプレゼントしよう」とばかりに、笹野調教師が親心で用意してくれた自厩舎のシャトーウインドに騎乗。中央の元オープン馬で、1番人気に応えて完勝した。

水野騎手は、2017年のヤングジョッキーズシリーズ（YJS）にも出場。北海道・岩手ブロックで2位（4戦2着2回）と好成績だったが、惜しくもファイナル進出は逃した。それでも「北海道所属でファイナルに行っていたら、今回、笹松には移籍できなかった。YJSはいい経験になった」と納得。新天地での目標は「騎乗技術と人間性を磨いて成長し、厩舎の人やファンからの信頼を築くこと。勝ち負けできる馬にも乗せてもらえ、期待に応えてリーディング5位ぐらいの勝ち星を挙げたい」と闘志満々。これからも笹松や北海道時代のファンの期待を背中に感じながら、勝利を積み重ねる決意だ。

２日目に２勝を挙げるなど、笠松で好スタートを切った水野翔騎手

金沢の若手2人も闘志

金沢勢の栗原騎手も神奈川県出身。デビュー4年目で、笠松での冬期交流は3年連続。初日は「久々の笠松で、アッという間に終わった感じ。レースに慣れていい成績を残したい」。YJSファイナルにも渡辺騎手らと出場したが、「技術不足を実感した。騎乗馬も人気がなかったが、もう少しうまく立ち回れたらよかった。初めての南関東、JRAでの競馬が味わえ、いい経験になった」。笠松では「積極的

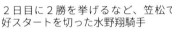

な競馬を心掛け、騎乗馬も結構いるので、2桁勝利を目指して頑張ります」と闘志。3日目に4番人気馬で初勝利を挙げ、重賞・白銀争覇では金沢のディアグリスターで3着と気を吐いた。

塚本騎手は静岡県出身で、デビュー5年目。2017年9月に船橋競馬から金沢競馬へ移籍した。水野騎手とは同期で、地方競馬教養センターで一緒だった。ジョッキーの数が多く、レベルも高い南関東では騎乗機会が少なく、1日1レースぐらいだったという。「(高知など)全国のいろいろな競馬場で乗ってきたが、笠松は馬場がきれいで、とても乗りやすく感じた。印象に残るレースをして、5勝ぐらいできるといい」と意欲を示した。

冬期交流騎手として金沢から笠松に参戦した栗原大河騎手(左)と塚本弘隆騎手の歓迎セレモニー

デビュー1年目に笠松で35勝を挙げた渡辺騎手の2年目の目標は「YJSファイナルで優勝すること。笠松では、50勝以上を目指します」と、大胆さに謙虚さも忘れずに飛躍を期す。「自厩舎では(3勝、2着6回と相性が良い)牝5歳のサクラエが好きな馬です。(自分の騎乗スタイルは)逃げると後ろからのプレッシャーを感じるので、2、3番手から差す競馬を目指す」と頼もしい口ぶり。水野騎手については「楽しい先輩です。教養センターの実習生の頃から面倒を見てもらった。食事や買い物にも一緒に行ったりしてます」とにっこり。

栗原騎手「飛騨牛おいしかった」

若手騎手たちはプライベートでは、食事なども楽しみなようだ。ＹＪＳファイナルの表彰式では、副賞（銘柄畜産物セット）として、岐阜からは飛騨牛が2位の岩崎翼騎手（ＪＲＡ）に贈られた。栗原騎手も17年、岐阜で食べたギョーザのほか、高山で味わった飛騨牛が「めっちゃおいしかった」と話し、「勝って、おごってもらうことも目標にします」と塚本騎手。３月で20歳になる栗原騎手は、笠松参戦のため、成人式に出席できなかった。１年前には水野騎手も笠松に来ていて、成人式には出られなかったという。レース映像で勝利の晴れ姿を地元の友達たちにも見せられるといい。

新春シリーズでは、水野騎手が3勝2着6回、栗原騎手が２勝。最終日には塚本騎手、渡辺騎手もうれしい初勝利を飾った。若手騎手たちの活躍に刺激を受けたのは中堅、ベテラン勢。筒井勇介騎手が１日４勝の固め勝ちを含め11勝、17年リーディングの佐藤友則騎手が7勝と好発進。水野騎手や金沢勢ら若手騎手の活躍は、馬券作戦の上でも侮れないだろう。

（２０１８・１・13）

水野翔騎手（左）とレースを終えた渡辺竜也騎手。
笹野博司厩舎の若手として飛躍が期待される

危険過ぎた「笠松大障害」（競馬場ハプニング）

長年、笠松競馬場に通っていると、レース中に信じられないような珍事も起きる。馬場の内側には地元農家の田畑があり、かつては「レース中の競走馬が柵を越えて、野菜畑に突入してしまった。おなかがすいていたんだろう」とか、「笠松初出走の名古屋の馬が、コース西側を走る名鉄電車が迫ってくるのに驚いて、3〜4コーナーで止まってしまった」などと聞いたことがある。

のどかな草競馬時代の笑い話で済めばいいが、人馬の命に関わるアクシデントが発生した。2011年1月7日、レース中にトラクター2台がコース内に進入し、人馬の走路を妨害。騎手らにけがはなかったが、結果的にハードな障害物をクリアさせる「笠松大障害」競走となってしまった。「これはひどい」と世間を騒がせ、日本の競馬史上初めてとみられる珍事となった。この日の状況を、当時の岐阜新聞の記事（社会面トップ）で振り返るとともに、構造的な人為的ミスの再発防止を願って改めて検証してみた。

走路に整備車両誤進入

笠松競馬で競走中あわや衝突

担当者が勘違い　レース不成立、売上金返還

（2011年1月8日付岐阜新聞

社会面トップ）

最終4コーナーを回って先頭は……トラクター？―。7日に笠松競馬（羽島郡笠松町）で

行われた第3レース中、コースに2台の走路整備車両が進入、競走馬の進路を妨害する前代未聞のアクシデントがあった。レースは不成立となり、馬券の売上金786万2000円はすべて返還された。

　県地方競馬組合によると、レースは5頭立ての1800メートル。向正面からスタートし2周近くを走るが、800メートルのレースと勘違いした整備担当の2人が、5頭が1周目を通過した直後、整備用のトラクターで作業を始めてしまったという。

5頭、車両の間をすり抜ける

　5頭は、2周目の4コーナーを回り、ゴールまであと約200メートルの直線で、トラクターに進路を阻まれたが、車両の間をすり抜けたり、大きくう回しながらゴールした。


　落馬やけがなど事故には至らなかったが、公正さを欠いたとしてレースは不成立になり、場内では窓口に詰め寄るファンも。組合には一時、問い合わせの電話が相次いだほか、岐阜羽島署のパトカーが出動し、警戒に当たった。

　先頭を走っていた尾島徹騎手は「直前で（車両に）気付き何とかよけたが、とにかく驚いた。頭数が少なく、ばらけた展開のレースだったからけがなく済んだが、本当に危なかった」と振り返り、「こんなずさんなことでは、ファンの信用を失ってしまう」と憤った。

　経営難にあえぐ同競馬にとって、貴重な売り上げがふいになる事態。組合は「深くおわびし以後、このようなことのないよう、真摯《しんし》に開催業務を遂行しますのでご了承を」と平身低頭だった。

㊤スタンド前の直線で整備車両2台がコース内に進入　㊥整備車両をよけるため急に進路変更する競走馬たち　㊦各馬はゴールに向かったが、レースは不成立となった。後方には名鉄電車も
２０１１年１月７日、笠松競馬場

「もうレースが終わった」と発進

騎手5人の好判断で奇跡的に衝突を回避でき、大事故に至らず本当に良かったが、なぜこんな人為的なトラブルが起きたのか。新春シリーズのこの日は晴れ、良馬場。1周1100メートルのコースで、3Rに若竹特別（A2特別、1800メートル）、10Rに重賞・白銀争覇が組まれていた。

第2コーナーを過ぎた向正面にゲートが設置された1800メートル戦のスタート地点

笠松では通常、800メートル戦は前半戦に（前日も5Rに実施）、1800メートル戦はメインなど終盤に実施されることが多く、スタート地点も近い（第2コーナー寄り）。不成立となった3Rでは、珍しく準オープンの1800メートル戦が行われ、整備担当者は、1周目で「もうレースが終わった」と勘違いし、トラクター2台を発進させた。

コース整備は「ハロー掛け」と呼ばれ、レースの合間に荒れたダートコースをならす作業。業務を委託された整備担当者は、コース内の安全を確保し、競走馬が走りやすくすることが職務。馬場管理の職員との連携で「3Rは1800メートル戦で2周する」と、この日のレース編成を確認、注意喚起する必要があった。

ネットのレース映像では、場内の実況アナウンサーも混乱気味。2周目の3、4コーナーでは競走馬の動きを追っており、異変に気が付いていないようだ。最後の直線では、先頭のフサイチフウジン（尾島徹騎手＝調教師を経て引退）がトラクター2台の大外を回り、約5馬身差の2番手・マイネルブラジリエ（筒井勇介騎手）、大差の3番手・リックチャー（吉井友彦騎手）は2台の間をすり抜けるように通過。ようやくトラクターが停車した。背後では競走馬や障害物のトラクターを追い掛けるかのように、名鉄電車が抜群のタイミングで?・走行しているのが笠松らしい。

レースは5頭立てと少頭数だったことが幸いし、尾島騎手らは、まさかの障害物を回避できた。これが10頭立てで、ごちゃついた展開で勝負どころの第4コーナーを回っていたら、ゾッとする。急に出現したトラクターに馬が驚き、2台を避けきれずに、衝突していた可能性が高い。レース実況で素早く緊急事態を告げるべきだったが、しばらく沈黙の後、「馬場をならす車が直線コースに2台出ております。3レースは審議です」と言うのが精いっぱい。

1、2番人気の馬で決まったはずのレースが「競走不成立」となり、馬券は「100円元返し」で全額返還。的中を確信していたファンの怒りは当然だった。この年以降、新春のA2特別は無難な1600メートル戦になり、18年は最終レースに行われた。

レース中のコースに赤ちゃん

競馬場内での衝突回避といえば、かつてNHKの夜のニュースで大きく取り上げられたハプニングを思い出した。赤ちゃんが「ハイハイ」をしながら、コース脇の柵をすり抜けて、レース中の馬場内に入り込んでしまったのだ。コースを横切るようにしてゆっくりと進んだが、接近してきた各馬は、赤ちゃんを踏みつけることもなく、かすめるようにして、何事もなかったかのように駆け抜けていった。間一髪セーフで、赤ちゃんは奇跡的に無事だった。

時速60キロほどで疾走する競走馬の4本の脚は、骨折したりすれば自らの命に関わる「第2の心臓部」

抱っこをしながら安全に観戦する親子ら

でもある。本能的に脚元の障害物を避けて走る習性があり、赤ちゃんに接触することなく走り抜けてくれた。レースに夢中で、目を離した家族の気持ちを思うと、競走馬たちの走りに感謝したくなるような感動的なシーンでもあった。

　レース中の人馬は、落馬事故などさまざまな危険と隣り合わせで、馬場内は命懸けの戦場である。笠松では、トラクター事件で衝突事故は免れたが、13年10月には脱走した競走馬が軽乗用車と衝突し、運転していた男性が死亡する事故が起きている。現場の安全意識欠如に尽きるが、こういった競馬場存続に関わるような人為的なミスは二度とあってはならない。

　馬券販売は年明けも好調でV字回復を続けているが、この先どんな落とし穴が待ち受けているか分からない。競馬場永続には、やはり「安全管理」が第一である。まさかの事態に備えて、気を引き締めてレース運営に努めていただきたい。奇跡的に衝突事故を回避して、ゴールした尾島、筒井、吉井の笠松3騎手のプロ根性には、「フェアプレイ賞」を贈りたくなるような手綱さばきだった。

（2018・1・19）

年度代表馬に2頭

NARグランプリ表彰、笠松の名馬たち（上）

オグリキャップの出現以降、「また笠松から、すごい馬が出てきたなあ」と、全国の競馬ファンを驚かせていた頃が懐かしい。キャップが中央へ移籍して、圧巻の走りを見せ始めたのは1988年。その後、94年のオグリローマン、95年のライデンリーダーの名牝2頭が桜花賞に挑戦。99年のレジェンドハンター、2009年のラブミーチャンと、GIの舞台で中央馬と勝ち負けが演じられる名馬が出現。笠松では「10年に1頭」といわれる超大物が、必ず登場してファンを魅了してきた。

地方競馬「NARグランプリ2017」の表彰対象が決まった。ラブミーチャンが2度目の年度代表馬に選出されてから5年。17年の年度代表馬には、船橋のヒガシウィルウィン（牡4歳）が選ばれた。ラブミーチャンと同じサウスヴィグラス産駒で、関東ダービーを圧勝し、ジャパンダートダービー（GI）では中央勢をねじ伏せた。JBCレディスクラシックを制覇した大井のララベルは4歳以上最優秀牝馬を受賞。笠松でデビュー後、大井に移籍してJBCスプリント（07年）を勝ったフジノウェーブ以来、10年ぶり2頭目となる地方馬によるJBC制覇を達成。V字回復で勢いづく地方競馬の逆襲が始まったようだ。

NARグランプリは、地方競馬全国協会（NAR）が、地方競馬での人馬の活躍をたたえるため、1990年度に創設した年間表彰制度。これまでにNARグランプリで表彰を受けた、笠松育ちの栄光の名馬たちの活躍を振り返ってみた。

ライデンリーダーとラブミーチャン、年度代表馬に輝く

1990 【特別功労賞】オグリキャップ（鷲見昌勇厩舎）
【最優秀調教師賞】荒川友司
1994 【サラブレッド系4歳以上最優秀馬】トミシノポルンガ（加藤健厩舎）
1995 【年度代表馬】ライデンリーダー（荒川友司厩舎）
【サラブレッド系3歳最優秀馬】ライデンリーダー
【最優秀調教師賞】荒川友司
1996 【サラブレッド系2歳最優秀馬】シンプウライデン（荒川友司厩舎）
【最優秀調教師賞】荒川友司
【特別表彰馬】ホワイトナルビー（鷲見昌勇厩舎）
1997 【サラブレッド系3歳最優秀馬】トミケンライデン（荒川友司厩舎）
【最優秀調教師賞】荒川友司
【特別賞】川原正一
1998 【サラブレッド系3歳最優秀馬】フジノモンスター（中山義宣厩舎）
【ベストフェアプレイ賞】川原正一
1999 【サラブレッド系2歳最優秀馬】レジェンドハンター（高田勝良厩舎）
【最優秀牝馬】マジックリボン（荒川友司厩舎）
【最優秀調教師賞】荒川友司
【特別賞】安藤勝己
2000 【サラブレッド系3歳最優秀馬】ミツアキサイレンス（栗津豊彦厩舎）

NARグランプリ表彰

笠松競馬関係の人馬（1990～2023年）

【ベストフェアプレイ賞】川原正一
【特別賞】荒川友司

2007 【特別表彰馬】ワカオライデン（荒川友司厩舎）

2009 【年度代表馬】ラブミーチャン（柳江仁厩舎）
【サラブレッド2歳最優秀馬】ラブミーチャン
【最優秀牝馬】ラブミーチャン
【殊勲調教師賞】柳江仁

2011 【4歳以上最優秀牝馬】ラブミーチャン

2012 【年度代表馬】ラブミーチャン
【4歳以上最優秀牝馬】ラブミーチャン
【最優秀短距離馬】ラブミーチャン

2013 【4歳以上最優秀牝馬】ラブミーチャン
【最優秀短距離馬】ラブミーチャン
【特別表彰馬】フジノウェーブ（笠松・柴田高志厩舎でデビュー、大井へ移籍）

2014 【特別表彰馬】ライデンリーダー
【特別賞】向山牧

2015 【特別表彰馬】オグリローマン（鷲見昌勇厩舎）

2018 【優秀新人騎手賞】渡辺竜也

2023 【ベストフェアプレイ賞】渡辺竜也

☆笠松の優秀騎手賞（1990～2003年、各地区ごとに選出）
安藤勝己（90、91、93～2000年）安藤光彦（92年）川原正一（01～03年）

NARグランプリ2012の年度代表馬にラブミーチャン。表彰を受ける柳江仁調教師（中央）ら関係者

中央のエリート馬なぎ倒す雑草魂

ライデンリーダーとラブミーチャンの牝馬2頭が「年度代表馬」という最高の栄誉に輝いた。やはり「中央のエリート馬をなぎ倒す」という雑草魂が地方馬の名を高める条件で、笠松の2頭は全国的にも圧倒的な存在感を示した。

笠松・ジュニアグランプリＶのライデンリーダーと喜びの関係者。1995年のＮＡＲグランプリ年度代表馬に選ばれた

ライデンリーダー（安藤勝己騎手、荒川友司厩舎）は、地方・中央交流元年のスーパーヒロイン。笠松在籍のまま1995年の桜花賞トライアル「報知杯4歳牝馬特別」（GⅡ、現3歳、フィリーズレビュー）に挑み、歴史に残る驚異的な豪脚で圧勝。本番の桜花賞では惜しくも4着。オークス、エリザベス女王杯（現・秋華賞）にも挑戦。地方馬でありながら、中央の牝馬3冠レースを完走する偉業を成し遂げた。

ラブミーチャンは2度、計9冠

ラブミーチャン（浜口楠彦騎手、柳江仁厩舎）は「GⅠ馬」に輝き、まさにシンデレラガール。2009年に中央2歳500万下、兵庫ジュニアGP（JpnⅡ）に続いて、川崎での全日本2歳優駿（Jpn

ＮＡＲグランプリ年度代表馬に２度輝いたラブミーチャンと、主戦だった浜口楠彦騎手

Ｉ）を華麗なる逃げ切りで制覇。デビュー5戦目で頂点を極め、2歳馬として初めての年度代表馬の栄冠をつかんだ。

当初、ＪＲＡデビューを果たせなかったラブミーチャンを笠松・柳江仁調教師が預かり、育成に励んで才能を開花させたことから、殊勲調教師賞を受賞した。3年後には東京盃（ＪｐｎⅡ）制覇、習志野きらっとスプリント3連覇を達成し、2度目の年度代表馬となった。2歳から6歳までフル回転し、ダートグレード競走（ＪｐｎⅠ～Ⅲ）で計5勝を飾った。経営難に苦しむ笠松競馬を先頭に立って支え、ＮＡＲグランプリでは4歳以上最優秀牝馬、最優秀短距離馬なども含めてトータル9冠に輝いた。

（2018・2・24）

吹き荒れたライデン旋風

NARグランプリ表彰、笠松の名馬たち（中）

携帯電話がまだ普及していなかった時代。ライデンリーダーが桜花賞に挑戦する前のことだ。管理馬の世話で不在だった荒川友司調教師から折り返しの連絡があり、当時必需品だったポケットベルが鳴ったことを懐かしく思い出した。桜花賞トライアルでの圧勝に自信を深め、「調教のほか、笠松での出走も考えている」と、うれしそうに話していた荒川調教師。2000年に57歳の若さで亡くなられたが、ワカオライデン産駒を率いて大活躍。「笠松ブランド」の実力を全国の競馬ファンや関係者にアピールした。

荒川調教師とワカオライデン軍団快進撃

NARグランプリ1995では、ワカオライデン産駒のライデンリーダーが「年度代表馬」となり、管理した荒川調教師が「最優秀調教師賞」の栄誉を受けた。表彰式では、笠松の人馬の活躍がたたえられ、大きな拍手を浴びたことだろう。「馬と一緒に受賞できることはめったにないこと。笠松と関東地区では賞金額が違うので、最優秀調教師賞の受賞は無理かなあと思っていたが」という荒川調教師。「中

ワカオライデン軍団の快進撃で「最優秀調教師賞」に５度選ばれた荒川友司調教師

央競馬に挑戦したことは、自分にとっても大変プラスになったし、この賞は皆さんに認めてもらえた証し。ライデンリーダーのおかげだが、彼女とともに受賞できて、すごくうれしい。今後もGI制覇に向けて、笠松から中央競馬に挑戦し続けていきたい」と喜びを語っていた。

90年代、ワカオライデン軍団を率いて勝ちまくり、地方競馬を元気づけた荒川調教師。ホワイトナルビー産駒のオグリ一族（鷲見昌勇厩舎）とともに、JRA勢との重賞レースでもしばしば「野武士の一撃」を放って圧倒した。笠松のトップクラスの馬は、中央の舞台でも十分に通用していたし、笠松の調教師の手腕が光り輝いていた黄金時代といえよう。荒川調教師は、最優秀調教師賞を5度受賞した。

ＮＡＲグランプリ1996の「２歳最優秀馬」に選出されたシンプウライデン

シンプウライデン、東海ダービー制覇

ワカオライデン（父ロイヤルスキー、母オキワカ）は、叔父には有馬記念を制したテンポイントがいる血統。中央の朝日チャレンジカップを勝ったが、脚部不安のため地方に移籍。87年、金沢を経て笠松の荒川厩舎に転入し、名古屋大賞典や東海菊花賞など重賞を計5連勝。東海ゴールドCでは、フェートノーザンに敗れて2着だったが、88年のサマーCを勝って引退し種牡馬入り。97、99年には種牡馬として地方競馬のリーディングサイアー（産駒の獲得賞金合計1位）を獲得。ライデン旋風が吹き荒れた。

ワカオライデンの初年度産駒から、93年の東海ダービー1、2着となったサブリナチェリー、ライデンスキーなどの活躍馬が出て、3年目にはライデンリーダーが出現した。96年、ファンへの公募で馬名が決まったシンプウライデンもワカオライデン産駒。当時「笠松に新風を吹き込んでくれそうで、格好いい名前だなあ」と感じさせてくれた馬で、ファンの期待通りに強かった。笠松、名古屋で5連勝後、シーキングザパールが勝った中央のGⅡ・デイリー杯3歳S（現2歳）に挑戦。7着に敗れたが、名古屋優駿（東海ダービー、GⅢ）では中央馬4頭を圧倒して優勝。NARグランプリ1996の「2歳最優秀馬」に輝いた。

全日本サラブレッドカップで上位独占

トミケンライデン（安藤光彰騎手）は、97年の笠松・全日本サラブレッドカップ（GⅢ）に挑戦。ナリタブライアンが勝った日本ダービーで4着と健闘したフジノマッケンオー（吉田豊騎手）を撃破し、優勝を飾った。2着・テイオーライデン、3着・アメージングレイスと、ワカオライデン産駒が1～3着を独占。絶頂期ともいえる「ワカオライデン軍団」の強さを見せつけた。

シンプウライデンとトミケンライデンは同世代のライバルで、笠松・ゴールドジュニア（皐月賞トライアル代表選定競走）では直接対決。安藤兄弟が騎乗し、兄・光彰騎手の2番人気トミケンライデンが勝ち、中山・スプリングSには弟・勝己騎手で挑んだが、12着に終わり、皐月賞出走の夢はかなわなかった。トミケンライデンはNARグランプリ1997の「3歳最優秀馬」の表彰を受けた。

98年、トミケンクインは川原正一騎手の騎乗で、TCK女王盃（大井、GⅢ）初代女王の座をゲット。中団から差し切ったレース映像を笠松場外で見て、興奮したことをよく覚えている。笠松の牝馬ではライデンリーダーの「報知杯4歳牝馬特別」以来となる、中央勢参戦の重賞レースでの勝利となった。荒川調教師は「川原君が本当にうまく乗ってくれた」とたたえた。荒川厩舎では、このほかマックスフリート（父ダンサーズイメージ）が、90年の全日本サラブレッドカップや東海菊花賞を制覇。オグリキャップと同じ芦毛馬で「女オグリ」とも呼ばれた。荒川調教師は地方競馬通算1384勝を挙げ、重賞レースでは103勝（中央1勝含む）を挙げた。

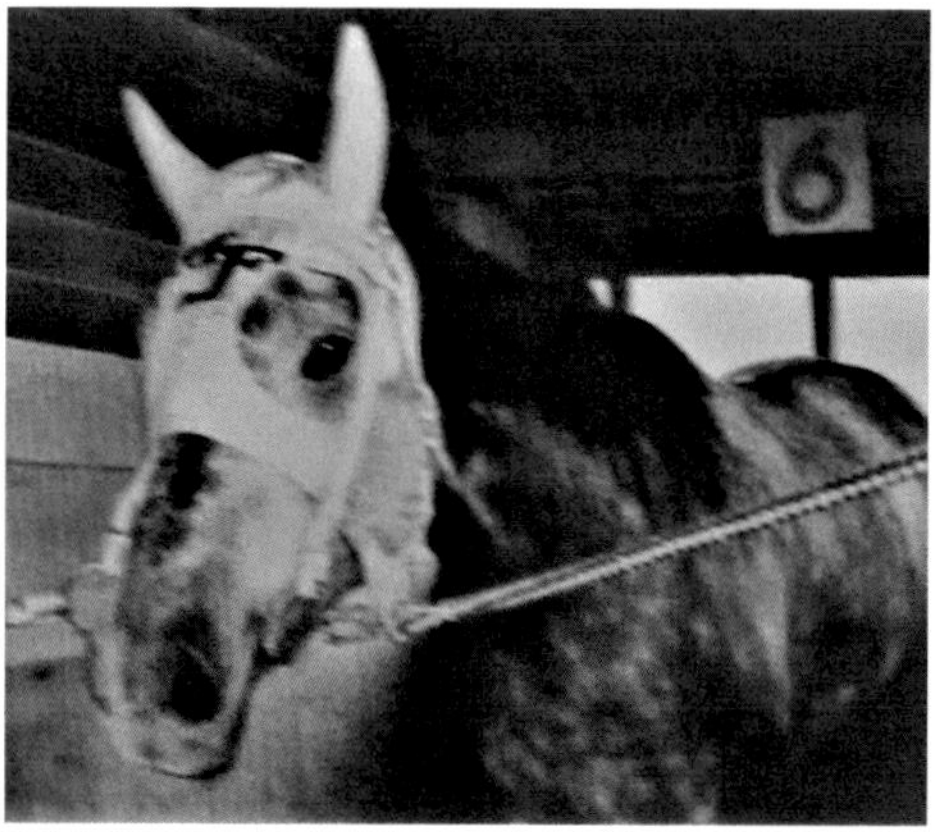

「女オグリ」とも呼ばれたマックスフリート。全日本サラブレッドカップなどを制覇した

安藤勝己、戸崎圭太騎手ら中央の舞台へ

南関東では、川島正行調教師（船橋）が、アジュディミツオーやフリオーソなど地方ダート界を代表する名馬を育てた。14年に66歳で亡くなられたが、通算1276勝で交流GIは13勝。荒川調教師の重賞勝利記録を上回り、地方所属調教師として最多の重賞139勝を挙げた。荒川調教師がライデンリーダーで安藤勝己騎手を中央の舞台に送り込み、その後のJRA移籍を後押しした。川島調教師は南関東からJRAへ移籍した内田博幸騎手と戸崎圭太騎手を、それぞれアジュディミツオーとフリオーソの主戦として育てた。地方競馬をけん引し、中央競馬へのチャレンジに心血を注ぎ続けた荒川調教師と川島調教師。地方馬育成に懸けた名伯楽2人の情熱と手腕は、笠松をはじめ、南関東など全国の調教師たちに受け継がれている。

（2018・3・2）

芝GIへの挑戦 NARグランプリ表彰、笠松の名馬たち（下）

地方在籍馬による「中央・芝GI制覇」は、地方競馬界の悲願である。その達成は年々厳しさを増しているが、これまでの挑戦では惜しいレースもあった。北海道のコスモバルクが皐月賞2着で、栄光まで「1馬身4分の1差」。笠松のレジェンドハンターは朝日杯3歳S2着で「半馬身差」まで最接近した。

オグリキャップが有馬記念などGIで4勝、オグリローマンが桜花賞を勝ったのは、ともにJRA移籍後だった。1995年、地方在籍馬にも中央GIへの出走が開放され、ライデンリーダーが桜花賞で4着と健闘した。あれ以降、ダートGIでは岩手のメイセイオペラがフェブラリーSを制覇したが、芝GI奪取にはあと一歩届いていない。地方・中央の壁を切り開いてきた笠松競馬からも、数々の名馬がチャレンジしてきた。

トミシノポルンガとミツアキサイレンス、宝塚記念挑戦

NARグランプリ1994の「4歳以上最優秀馬」トミシノポルンガ（加藤健厩舎）は、全国区での活躍を見せ、32戦17勝と強かった。追い込みが得意で、3歳時の92年には東海ダービーで優勝。水沢ダービーGPでは、4コーナー後方2番手からの豪快な差し切り勝ち。安藤勝己騎手は、このレースで地方競馬通算2000勝も達成した。当時「中央でも通用するのでは」とファンの一人として期待していたが、トミシノポルンガは94年のテレビ愛知OP

ＮＡＲグランプリ1994「４歳以上最優秀馬」のトミシノポルンガと安藤勝己騎手

（中京・芝）で天皇賞・秋2着馬のカリブソングらを破って見事に1着。中山・産経賞オールカマー（GⅢ）ではビワハヤヒデ（1着）、ウイニングチケット（2着）に続く3番人気で4着に踏ん張り、掲示板を確保する活躍を見せた。

交流元年の95年には、当時、中京開催があった名古屋競馬の東海桜花賞（芝）を勝利。「オールスター夢の競演」ともいえる宝塚記念（GⅠ）に地方馬代表として挑戦した。ダンツシアトルが勝ち、タイキブリザードが2着、ライスシャワーが競走中止でラストランとなったレース。安藤勝己騎手が乗ったトミシノポルンガは14番人気で、10着に敗れはしたが、レベルが高かった中央勢への挑戦は見応えがあった。

ＮＡＲグランプリ２０００の「3歳最優秀馬」ミツアキサイレンス（粟津豊彦厩舎）には、川原正一騎手が騎乗。兵庫チャンピオンシップ（GⅢ）を制覇し、盛岡ダービーGPは2着だった。01、02年の佐賀記念（GⅢ）を連覇。ミルコ・デムーロ騎手のハギノハイグレイド、武豊騎手・マンボツイストの1番人気馬を相次いで撃破した。佐賀記念には5度挑み、2勝、3着2回と好相性。現地実況アナウンサーは、ミツアキサイレンスを「ミスター佐賀記念」と呼んで、活躍ぶりをたたえた。

中央への挑戦も続けたミツアキサイレンス。菊花賞馬ナリタトップロードが勝ち、日本ダービー馬ジャングルポケットが2着だった02年阪神大賞典（GⅡ）では、ゴール寸前まで見せ場たっぷりに

ミツアキサイレンス（右）はＮＡＲグランプリ2000の「3歳最優秀馬」。05年オグリキャップ記念を、岡部誠騎手で優勝した

逃げ粘った。ジャングルポケットからはアタマ、ハナ差の4着で、惜しくも春の天皇賞出走は逃した。それでも宝塚記念には挑戦。ダンツフレームが勝ち、地方の星・ミツアキサイレンスは11着に終わったが、いまとなっては、ドリームレースに笠松から出走したこと自体がすご過ぎる。芝、ダートを問わず函館から佐賀まで全国15の競馬場を駆け抜け、中央との交流重賞で4勝を挙げた。60戦13勝、獲得賞金3億3053万円はラブミーチャンの2億5840万円を上回り、笠松競馬所属馬としては歴代1位である。

レジェンドハンター、半馬身及ばず2着

ＮＡＲグランプリ1999「2歳最優秀馬」のレジェンドハンター（高田勝良厩舎）は、脚元のけがで長期休養を挟みながらも10歳まで走って61戦26勝。安藤勝己騎手が騎乗した京都のデイリー杯3歳Ｓ（ＧⅡ）をゆうゆうと逃げ切り。2着以下を突き

放したゴール前は圧巻だった。GI初挑戦となった朝日杯3歳S（現朝日杯FS）は、祖父マルゼンスキー（8戦8勝のまま引退）が勝ったレースであり、レジェンドハンターは1番人気。超ハイペースの中、3コーナーから早めに動いて直線で抜け出し、後続を引き離した。

「これは勝っちゃうかも」。歴史的Vを願ったファンは多かったが、ゴール寸前、内から飛んできた1勝馬エイシンプレストン（福永祐一騎手）の強襲に屈してしまった。半馬身差の2着。GI初制覇の大魚はポロリと転げ落ちたのだった。

最後の直線の急坂で息切れしたのか、「もう少し、じっくりと乗っていれば。中山では経験不足だった」と悔しがった安藤勝己騎手。この年、中央では55勝を挙げており、夢のGI初制覇のためにもJRA移籍への思いをさらに強くした。勝ったエイシンプレストンはその後、香港の国際GIを3勝する活躍を見せ、やはり強い馬だった。

フジノテンビーもデイリー杯制覇

レジェンドハンターは、名古屋・スプリングCを圧勝し、日本ダービートライアルへの出走権を得たが、クラシック戦線は残念ながら故障で離脱した。地方馬がGIのトライアルに出るためには、地元でのステップレースを勝つ必要があり、ローテーションがきつくなるハンディがあった。2001年のテレビ愛知OPを勝利。03年の全日本サラブレッドカップ（GⅢ）ではスターリングローズら中央勢を圧倒して優勝。GⅡ馬の意地を見せてくれた。

このほか、2000年のデイリー杯3歳Sでは、フジノテンビー（中山義宣厩舎）が前年のレジェンドハンターに続いて勝ち、笠松勢が連覇を果たす快挙。中山・スプリングSでは14着に敗れ、皐月賞挑戦の夢は散ったが、JRA移籍後にNHKマイルカップに挑戦。勝ったクロフネからは離されての8着だったが、続くユニコーンS（GⅢ）では2着と好

ＮＡＲグランプリ1999「２歳最優秀馬」のレジェンドハンター。
デイリー杯３歳Ｓを安藤勝己騎手で制覇した

走した。船橋（川島正行厩舎）を経て笠松（後藤保厩舎）に戻ると、07年11月、レジェンドハンターと1日違いでラストラン。古豪２頭は地元で引退した。

ベッスルキング、菊花賞に挑戦

笠松から独学でＪＲＡへ移籍したのは安藤光彰騎手。引退後、地方・中央を含めて一番印象に残る騎乗馬として、笠松のベッスルキングを挙げている。ライデンリーダーと同期で、94年末の笠松・ジュニアＧＰで直接対決し、1馬身半差の２着に食い込んだ。続く95年のゴールドジュニアを制し、中京での駿蹄賞でも優勝。中央の神戸新聞杯（ＧⅡ）に挑戦し、タニノクリエイト、マヤノトップガンに続く３着で、ダービー馬タヤスツヨシに先着。勝ち馬とは０・１秒差の好走だった。出走権を得たクラシックレース菊花賞に挑戦。勝ったマヤノトップガンやダンスパートナーら強力な中央勢を相手に８着と健闘

1990年の有馬記念Vでラストランを飾ったオグリキャップ

した。

オグリキャップには特別功労賞

１９９０年、有馬記念を制覇して引退したオグリキャップには、ＮＡＲグランプリの「特別功労賞」が贈られている。地方競馬の発展に貢献した人馬を表彰する制度で、競走馬としてはオグリキャップが唯一の受賞。95年から、人物に関しては「特別賞」と改称され、川原正一騎手、安藤勝己騎手、荒川友司調教師、向山牧騎手が受賞。競走馬に関しては「特別表彰馬」と改称され、ホワイトナルビー、ワカオライデン、ライデンリーダー、フジノウェーブ、オグリローマンが受賞している。

（２０１８・３・10）

オグリの里

2017 十大ニュース 熱闘編

大みそかまで年末シリーズが行われ、多くのファンでにぎわった笠松競馬。2017 年はドリームズラインが岐阜金賞で東海３冠を達成し、佐藤友則騎手が２年連続のリーディングジョッキーに。「オグリの里 2017 十大ニュース・熱闘編」として人馬の活躍を振り返った。

1 佐藤騎手、2 年連続リーディング

「さすらいの重賞・交流ハンター、白星量産」 笠松競馬のリーディングジョッキーに、140 勝を挙げた佐藤友則騎手が２年連続で輝いた。２位に 102 勝の向山牧騎手、3 位には 99 勝の筒井勇介騎手。佐藤騎手は名古屋でも 37 勝を挙げ、連対率は 43%と笠松(38%)以上の高率をマーク。東海地区での信頼度は抜群だ。重賞勝ちはラブミーチャン記念、ライデンリーダー記念(チェゴ)と名古屋でら馬スプリント(ハイジャ)。賞金が高いＪＲＡ交流戦では、中央馬にも騎乗して活躍が目立った。３年連続リーディングを達成できれば、安藤勝己、川原正一、東川公則といった笠松を背負ってきた各騎手に続く真のエースといえよう。中央では、中京・フィリピントロフィーで初めての特別勝ちを収めたが、１勝のみで物足りなかった。金沢の吉原寛人騎手に先を越された重賞初Ｖを狙いたい。リーディングトレーナーには、笹野博司調教師が 16 年を上回る 127 勝を挙げて、２年連続で輝いた。

② ドリームズライン、岐阜金賞制し東海3冠（10月13日）

「最後は笠松、3冠ゴール」　1番人気・ドリームズライン（川西毅厩舎）が名古屋の駿蹄賞、東海ダービーに続く最後の1冠・岐阜金賞を制覇。24年ぶり、史上4頭目となる「東海3冠馬」が誕生した。大畑雅章騎手が騎乗し、笠松・アペリラルビー、兵庫・マイフォルテの追撃を振り切ってゴール。カツゲキキトキト騎乗でも、笠松のファンにおなじみとなった大畑騎手。「3冠を取れてホッとしています」。東海ダービー5度制覇の川西調教師にとっても悲願の岐阜金賞V達成。2018年は笠松にも優秀な3歳馬がそろい、久々に東海ダービー奪取のチャンス到来か。名古屋勢と互角にぶつかりたい。

③ ラブバレット、笠松グランプリ3連覇（11月22日）

「レジェンドの不敗神話だ」　岩手のラブバレット（山本聡哉騎手）が、笠松グランプリ史上初となる3連覇の偉業を達成。トウケイタイガー（園田）とのマッチレースが予想されたが、ラブバレットがゴール前で突き抜けて、2着エイシンヴァラー（園田）に3馬身差の完勝劇。抜群のコース適性に「強かったです。とてもうれしい」と山本騎手。菅原勲調教師は、騎手時代にメイセイオペラでＪＲＡのフェブラリーＳを制覇したレジェンド。笠松では騎手で2勝（08年・スーパージョッキーズトライアル）、調教師で3勝と負け知らずの5連勝。笠松コースでの不敗神話は生き続けており、4連覇目指してラブバレット参戦か。

④ 渡辺騎手、ヤングジョッキーズシリーズ（ＹＪＳ）ファイナル進出

「有力馬なら、優勝できたかも」 笠松、金沢で勝利を飾った17歳・渡辺竜也騎手（笹野博司厩舎）が、地方騎手トップの成績でＹＪＳファイナル（大井、中山）に進出。総合４位で迎えた最終４レース目、２着以内なら優勝できたが、残念ながら表彰台には届かず総合８位。１番人気馬が３勝したファイナル。渡辺騎手は、騎乗馬４頭がいずれも９番人気以下と、最もくじ運に恵まれなかった。それでも、中山芝コースで３着と好走するなど、着順が人気を上回ったレースが三つもあった。これは出場14人のうちで渡辺騎手ただ一人。スタートセンスが良く、１年目は笠松で35勝、名古屋で２勝、金沢で１勝と計38勝を挙げた。笹野調教師や先輩騎手に温かく見守られて、笠松にもなじんできた。大舞台での経験を生かして、飛躍の年にしたい。

⑤ カツゲキキトキト、オグリキャップ記念制覇（4月27日）

「また笠松で走ってほしい」 単勝人気1.1倍に大畑雅章騎手が好騎乗で応えた。東海ダービー馬カツゲキキトキト（錦見勇夫厩舎）がオグリキャップ記念を鮮やかに逃げ切り、地方重賞10勝目を飾った。笠松では新緑賞（木之前葵騎手）に続く重賞制覇。キトキトは、もともと笠松育ち（柴田高志厩舎）で新馬戦を勝利。名古屋に移籍し、地方競馬屈指のスターホースへと成長を続ける。ＪＲＡ勢相手では２、３着が続いているだけに、悲願のダートグレード制覇を果たしたい。

6 くろゆり賞ではキトキト敗れる（8月15日）

「まさかのハナ差２着」 カツゲキキトキトが脚部不安による休養明けで惜敗した。笠松重賞・くろゆり賞で、ヴェリイブライト（川西毅厩舎）が、ハナ差でキトキトを破る「金星」を挙げた。騎乗したのは、ＹＪＳファイナルにも出場した愛知の加藤聡一騎手で、重賞初制覇。４コーナーからキトキトとのマッチレースになり、ゴール前での一伸びが光った。「最後は負けたかなあと思ったが、『勝ってる』と聞いてびっくり」。際どい写真判定だった。

7 向山騎手が3300勝超え、笠松騎手最多勝記録

「味わってみたい１着ゴール」 向山牧騎手が、年末までに地方競馬通算3347勝をマーク。安藤勝己騎手がＪＲＡ移籍前に積み重ねた、笠松騎手最多勝の地方通算「3299勝」の記録を突破した。3300勝達成時には「的場文男さん（大井）を目標に、年金がもらえるまで頑張り、4000勝を目指します」と健在ぶりをアピール。連対率は毎年４割を超えており、頼もしいベテランだ。このほか、節目の勝利（地方競馬通算）では、東川公則騎手が2600勝、佐藤友則騎手が1300勝と快調。筒井勇介騎手と吉井友彦騎手が800勝、藤原幹生騎手は700勝、島崎和也騎手は300勝を達成。競馬場内でセレモニーが行われ、ファンと喜びを分かち合った。

8 チェゴが２歳牝馬重賞２冠（11、12 月）

「最高の走りだ」 佐藤騎手が手綱を取ったチェゴ（井上孝彦厩舎）が、笠松名牝２頭のラブミーチャン記念とライデンリーダー記念を連勝した。北海道から転入したばかりの笠松所属馬として一変した動きで快走。他地区遠征馬や名古屋出張馬を蹴散らした。歴代優勝馬はジュエルクイーン、ミスミランダー（北海道）、ヤマミダンス（金沢）で、その後の活躍が目覚ましく、チェゴも出世馬として飛躍が期待できる。年末のライデンリーダー記念では末脚を爆発させ、３馬身差の圧勝。東海ダービーを狙える期待馬の１頭に躍り出た。ＪＲＡ認定勝ちがあるバレンティーノ、牡馬ではビップレイジングも有力だ。

9 ハイジャ、名古屋でら馬スプリントＶ（6 月 20 日）

「ラブミーチャンに続いた」名古屋でら馬スプリントで、笠松生え抜きのハイジャ（井上厩舎）が、佐藤騎手の好騎乗で制覇した。800 メートルの電撃戦で、笠松勢は４年ぶりに「最速王」の栄冠を奪回。ラブミーチャンが３連覇したファイナル・習志野きらっとスプリント（船橋、1000 メートル）にも挑んだが、12 着に終わった。くろゆり賞３着、園田チャレンジカップではトウケイタイガーの２着と好走したが、脚部のけがが判明。秋から休養しており、スターホースの復帰が待ち遠しい。

10 アペリラルビー、ライスエイト他地区重賞V

「笠松勢が意地を見せた」　他地区の重賞レースに遠征した笠松勢が奮戦。アペリラルビー（向山牧騎手）が園田・のじぎく賞で圧巻のレース内容。４コーナーでは、とても届きそうもない位置から大外を飛んできて優勝をさらった。ライスエイト（池田敏樹騎手）は、金沢スプリントカップをスイスイと逃げ切った。名古屋に出張したグレイトデピュティ（島崎和也騎手）は新設の中京ペガスターカップを制覇。島崎騎手にとってはうれしい重賞初勝利となり、東海ダービーでも４着と好走した。

笠松の年末シリーズの入場者は１日平均約2100人、馬券販売額は約２億5000万円を確保。28日のＪＲＡ開催余波もあってか、前年比ではやや減少した。「年末年始は地方競馬が濃い」のキャッチフレーズ。大みそかの騎手あいさつでは「これからも熱いレースで笠松競馬を盛り上げていきます」と力強い言葉とともに、詰め掛けたファンに紅白餅を配った。新春シリーズでは、北海道から笠松（笹野博司厩舎）に移籍した20歳の水野翔騎手も騎乗。金沢からは栗原大河騎手らが期間限定騎乗。ＹＪＳで競った若手騎手たちの直接対決にも注目したい。

（2018．１．６）

オグリの里

2017 十大ニュース 復興編

オグリキャップがデビューして30年。馬券販売のＶ字回復とともに明るさを取り戻してきた笠松競馬。待望の大型ビジョンが稼働し、５年連続の黒字も見えてきた。「オグリの里2017十大ニュース・復興編」として１年を振り返った。

1 大迫力の大型ビジョン稼働（４月）

「ファンの皆さん、お待たせしました」 笠松競馬にも最新鋭の大型ビジョン「清流ビジョン」が新設され、稼働した。メインスタンドや特別観覧席から迫力あるレース映像が楽しめ、着順表示も明快になった。「各馬の動きが激しくなる向正面から３コーナーにかけての攻防がよく分かる」とファンに好評だ。ＪＲＡ馬券販売がある土曜、日曜日にも観戦可能。おじさんたちに交じって、若いファンの姿もちらほら。降雪や落雷による停電で故障しないことを願いたい。

② ミルコ・デムーロ騎手、笠松参戦（４月５日）

「よくぞ来てくれた」 出走表を見て驚いたファンも多く、熱気に包まれた。内馬場パドックから返し馬に向かう一瞬、「デムーロさん、頑張って」と声援を送る女性ファンに、笑顔を振りまくミルコ・デムーロ騎手。ＪＲＡ交流戦で騎乗馬スーセントマリーが単勝1.4倍と人気を集めたが、４コーナー手前では「デムーロ、消えた」とファンから悲鳴。７着に終わったが、笠松出身の安藤勝己元騎手と出世馬オグリキャップの活躍にあやかろうと来場してくれたに違いない。その後の飛躍は目覚ましく、宝塚記念、菊花賞、全日本２歳優駿などＪＲＡ、地方のＧＩで６勝。名馬、名手のパワースポット・笠松での騎乗が幸運をもたらしたようだ。

③ Ｖ字回復、５年連続の黒字へ

「右肩上がりは続くよ、どこまでも」 存続のサバイバルレースで生き残った笠松競馬。馬券のインターネット販売が順調に伸びて、５年連続の黒字は確実だ。16年度の馬券販売額は190億3000万円で32億円の増加。Ｖ字回復が続き、実質単年度収支で７億7000万円の黒字を確保した。17年度の馬券販売額も13.8％増と好調キープ。老朽化したレース用のゲート２基が更新され、競馬場の「復興ゲート」も力強くオープンしたのでは。この勢いはいつまで続くのか。怖いのは、やはり競走馬逃走などによる大事故。競馬場経営「一発退場」にならないように気を引き締めていきたい。

4 オグリキャップひ孫、中央重賞初V（7月30日）

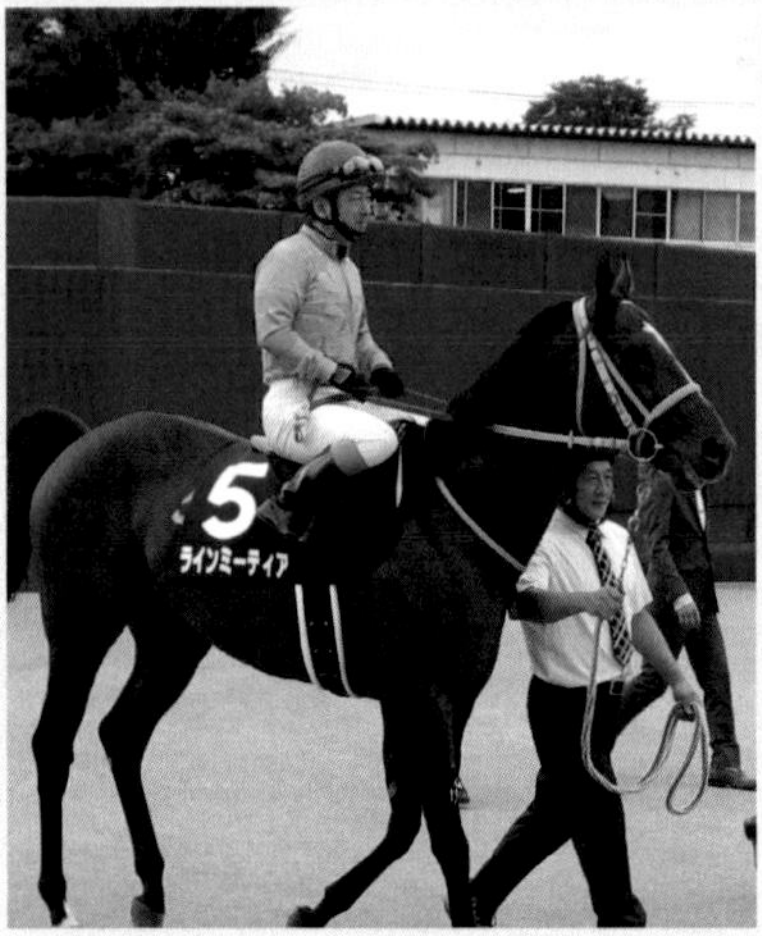

「オー、ミラクル」 オグリキャップの血統ロマンは生き続けていた。引退から27年、新潟・直線1000メートルのアイビスサマーダッシュ（GⅢ）でその瞬間は訪れた。ひ孫にあたるラインミーティア（牡7歳、西田雄一郎騎手）が、オグリの血統を継承する競走馬として初めて、中央重賞勝利を飾った。父メイショウボーラー、母アラマサフェアリー。ラインミーティアは夏のスプリント王者にも輝き、秋のＧⅠ・スプリンターズＳにも挑戦した（13着）。

5 寺島良調教師が重賞初制覇（7月9日）

「開業10カ月での快挙」 中京・プロキオンＳ（GⅢ）で、岐阜県北方町出身の寺島良調教師（栗東）が36歳の若さで、うれしい重賞初勝利を飾った。16年秋にＪＲＡ調教師デビュー。管理するキングズガード（藤岡佑介騎手）が豪快な差し切りＶを決めた。「早く勝ててホッとしています」と喜びをかみしめ、「ＧⅠを取りたい、日本ダービーを勝ちたい」と夢を膨らませており、同郷の大先輩・国枝栄調教師との「ダービー調教師」先陣争いが楽しみだ。

6 新人騎手デビュー（4月）

「大井、中山でもゴールへ一直線」 騎手不足に泣いていた笠松競馬で、待望の新人騎手がデビュー。17歳の渡辺竜也騎手で、出身は千葉県船橋市。10月には順調に25勝目を飾り、見習騎手から一人前のジョッキーへ一歩前進。ヤングジョッキーズシリーズでも2勝を挙げてファイナルラウンド（大井、中山）に進出した（最終結果は総合8位）。笠松では騎乗機会には恵まれ、1日11レース乗ることもある。「先輩騎手に追い付け、追い越せ」である。

7 期間限定騎手も好成績

「いっぱい勝ったよ」 笠松で期間限定騎乗の松本剛志騎手（兵庫）が半年間に34勝と勝利を量産。地元・園田では4勝どまりだから、笠松がホームみたいだ。若手が当地で腕を磨き、高橋昭平騎手（大井）が6勝、菅原辰徳騎手（岩手）4勝、水野翔騎手（北海道）4勝。冬場の金沢勢では田知弘久騎手が3勝、栗原大河騎手2勝、青柳正義騎手1勝。笠松でいっぱい稼いで、おいしい飛騨牛を食べて帰った騎手もいたようだ。18年も笠松のウイナーズサークルで会いましょう。

8 ミンナノアイドル次男、ラブミーチャン長女誕生

「デビューが待ち遠しい」 オグリキャップ最後の産駒ミンナノアイドル（牝10歳、芦毛）の次男が北海道の佐藤牧場で誕生し、すくすくと成長。父はゴールドアリュールで、兄ストリートキャップに続き、ＪＲＡデビューを目指す。谷岡牧場で繁殖馬生活を送っているラブミーチャン（牝10歳）は母馬としても優秀で、３年続けて無事出産。父ゴールドアリュールの長男ラブミーボーイ（栗東）と１歳次男に加え、父コパノリチャードの長女が誕生した。いつか笠松でも走ってほしい。

9 笠松競馬秋まつり、畜産フェア盛況

「台風を吹き飛ばす熱気」 競馬場内を開放した笠松競馬秋まつりが、家族連れや若者グループらでにぎわった。所属騎手らのサイン会やお宝グッズのチャリティーオークションが行われ、温かい善意が寄せられた。ＦＣ岐阜やＳＫＥ48の公開録音（ラジオ番組）も行われ、松村香織さんらの競馬トークで盛り上がった。県内の畜産品を振る舞う「畜産フェア」は４年ぶりに復活。家族連れの姿も多く、2000人超えの大盛況。続けてほしいイベントだ。

10 オグリキャップ特別番組相次ぐ

「職業・競走馬」 NHKの「プロフェッショナル」と「アナザーストーリーズ」でオグリキャップが特集された。笠松デビューから有馬記念ラストランまで、「職業・競走馬」の仕事の流儀に迫り、大きな反響を呼んだ。「日本の競馬史上、最も有名な競走馬」として、伝説の名馬となったオグリキャップ。笠松時代の初代馬主・小栗孝一さん、鷲見昌勇元調教師の愛馬への熱い思いが語られた。有馬記念前夜（23日）には、NHK・BS「スポーツ酒場・語り亭」の名場面集でも、永遠のオグリコールが響き渡る……。

有馬記念（24日・中山）は武豊騎手騎乗のキタサンブラックがラストラン。15年3着、16年2着で有終の美を飾りたいが、馬番2番でVサインとなるか。シュヴァルグランとの3連単2頭軸マルチ（総流し）で、クリスマスプレゼントを期待。

（2017.12.22）

☆有馬記念・レース結果　①キタサンブラック②クイーンズリング③シュヴァルグラン

林　秀行（はやし　ひでゆき）＝ハヤヒデ

2005年4月、笠松競馬場に里帰りし「存続の救世主」となったオグリキャップ。旅立ちの朝、馬房で「ありがとう」の思いを伝えると、古巣への恩返しを果たして、穏やかな表情をしていた。ＧⅠを連闘した1989年ジャパンカップでも笠松仕込みの激走を信じていた。最後まで諦めないで懸命に走るキャップの姿に「勇気をもらった」ファンの一人。国枝栄調教師、寺島良調教師と同じ岐阜県北方町出身。1955年生まれ。慶応大学法学部卒、岐阜新聞社で編集局整理部、報道部を経験。岐阜新聞Webで「オグリの里」を連載。

写真提供・取材協力

石川県競馬事業局	エースメディア株式会社
愛知県競馬組合	パカパカ工房
岐阜県地方競馬組合	岐阜県笠松町
地方競馬全国協会	日本中央競馬会

オグリの里 2 新風編

著　者	林 秀行
発行日	2024年2月23日　初版第1刷
	2024年8月17日　第2刷
発　行	株式会社岐阜新聞社
編集・制作	岐阜新聞社読者局出版室
	〒500-8822
	岐阜市今沢町12　岐阜新聞社別館4階
	電話 058-264-1620（出版室直通）
印　刷	岐阜新聞高速印刷株式会社

価格はカバーに表示してあります。
落丁本・乱丁本はお取り替えします。

ISBN978-4-87797-331-5